Předmluva

Autoři kurzu M4 chtějí mobilizovat věřící v Norsku, Skandinávii i celé Evropě k zakládání nových sborů. Kurz M4 není určen pro akademické kruhy. Utvářel se a vyvíjel na základě praktické problematiky související se zakládáním sborů. My sami jsme zakladatelé sborů a v rámci M4 sdílíme své životy i zkušenosti. I když pocházíme z různých křesťanských denominací a organizací, máme toho spoustu společného. Všichni máme:

» velkou touhu vidět, jak lidé přicházejí k víře v Ježíše Krista, a být svědky toho, jak vznikají nové sbory v Norsku, Skandinávii a celé Evropě.

» naději, že si Bůh povolá tisíce nových vedoucích ze všech věkových skupin, aby zakládali živé a multiplikující se sbory.

» touhu být duchovními otci a matkami mladé generace průkopníků, kterým budeme moci říct: „Bůh může! Jdi do toho! Jsme s tebou a věříme ti!"

» vědomí, že „spolu se všemi bratřími" můžeme poznat, co dnes Bůh dělá. Chceme jeden druhému naslouchat a učit se od sebe ve vzájemné úctě a s ohledem na rozdíly mezi námi.

» hluboké přesvědčení, že u Boha není nic nemožné. Když bereme Boží slovo vážně, posloucháme ho a řídíme se jím, Bůh dodrží své sliby.

Kurz M4 vznikl v prostředí zakládání sborů v Norsku. Národní síť zakládání sborů v Norsku je podpůrnou skupinou, složenou z lidí, kteří si uvědomují, že když budeme pracovat společně jako Kristovo tělo, bude možné ve všech etnických, kulturních a geografických oblastech naší země založit živé sbory.

Autoři, kteří se podíleli na vzniku této knihy, jsou v této Národní síti zakládání sborů v Norsku tím či oním způsobem zapojeni. Jako skupina jsme přečetli stovky knih o zakládání sborů, vedení a průkopnické práci. Věříme, že znalosti jsou dobré, ale ještě lepší je na základě toho, co jsme se dozvěděli, jednat. Víra roste jedině díky poslušnosti.

Do mezinárodní edice druhého dílu knihy M4 přispěl jako jeden z autorů také Dietrich Schindler. Dietrich píše o hnutí zakládání sborů v Evropě podle Ježíšova modelu budování církve. Vychází také z vlastních znalostí a zkušeností ze založení pěti sborů a z vedení iniciativy zakládání sborů ve Svobodné evangelické církvi v Německu.

Kurz M4 je zpracován jako *pracovní pomůcka zaměřená na proces*, proto bychom vás chtěli povzbudit, abyste se chopili zodpovědnosti za praktické kroky. Pomocí jasného základu v Božím slově propojeného s osobní zkušeností vám tato kniha pomůže zamyslet se nad ústředními otázkami, které se týkají zakládání sborů, a jednat v těchto oblastech. Pokud sníte o tom, že byste rádi začali něco nového, pak je M4 nástrojem, který vám pomůže tento sen realizovat.

Jsme velice vděční průkopníkům, kteří šli před námi a ukázali nám cestu. Jsou pro nás inspirací, abychom šli za Božím povoláním, jež pro svůj život máme: zakládat sbory, které budou oslovovat lidi a zachraňovat je pro Boží království. Vnímáme to jako velkou výsadu a jsme vděční, že smíme být součástí stále se rozšiřujícího Božího království.

autorech

ØIVIND AUGLAND je ženatý a s manželkou Lindou mají čtyři děti. Øivind patří k předním zakladatelům sborů a již 17 let slouží jako pastor ve Svobodné luterské církvi Norska (Den Evangelisk Lutherske Frikirke i Norge). Pracuje také v Národní síti zakládání sborů v Norsku, v poslední době se podílí na plánování sítě a působí jako manažer této organizace. Øivind se zabývá otázkami týkajícími se rozvoje vedení, strategie a rozvoje organizace. Je rovněž zakladatelem společností Xpand Norway a Persolog Norway.

TERJE DAHLE je ženatý, s manželkou Lise mají tři dospělé děti a jedno vnouče. Po absolvování zdravotní školy v roce 1984 se Terje přestěhoval do Stokmarknes v souostroví Vesterály na severu Norska a stal se vedoucím Křesťanského společenství (Kristent Fellesskap). Pracoval též jako zdravotní bratr v místní nemocnici a získal diplom v oboru vedení na vysoké škole Bodø College. V letech 1994 až 2001 působil na různých manažerských pozicích ve společnosti Telenor, dokud mu nebyla nabídnuta možnost práce na plný úvazek v Křesťanském společenství, kde se soustředil převážně na průkopnickou práci. V roce 2005 se celá rodina přestěhovala do Trondheimu a zapojila se zde do služby zakládání sborů v rámci Křesťanského společenství. Dnes je Terje vedoucím práce Křesťanského společenství v Norsku a dohlíží na více než 20 sborů. Díky své poradenské činnosti v rámci Přirozeného růstu církve (Naturlig Menighetsutvikling) a díky svému postavení v radě Národní sítě zakládání sborů v Norsku má velký vliv na budování Božího království.

HARALD GIESEBRECHT je ženatý s Kjersti a mají dva syny. Harald je zakladatelem sborů v Církvi adventistů v Norsku. Nyní je vedoucím sboru Cornelius Church v Oslo, který také založil. V současnosti pracuje na tvorbě materiálu pro školení vedoucích a učednictví. Kromě toho, že se věnuje této práci, rodině a povinnostem v Národní síti zakládání sborů v Norsku, též studuje magisterský program v oboru teologie.

ØYSTEIN GJERME je ženatý a s manželkou Ginou mají tři děti. Po čtyřech letech působení v roli pastora pro mládež ve sboru Tabernacle Pentecostal Church založil sbor Salt Bergen Church, kde slouží jako hlavní pastor. Má magisterský titul z teologie z Regent University a bakalářský titul z North Central University v USA. Je rovněž předsedou správní rady Školy vedení a teologie v Oslu, kde vyučuje homiletiku.

ARNT JAKOB HOLVIK je jedním ze zakladatelů společenství Os Fellowship, mladého mezidenominačního misijního hnutí, které se soustřeďuje na evangelizaci, zakládání sborů a misii v obci Os, ležící jižně od Bergenu v západním Norsku. Hnutí připravuje týmy zakládající nové sbory z různých denominací v Norsku a severní Evropě. Arnt Jakob vystudoval obory mezinárodní sociologie a sociální ekonomiky a v současné době dokončuje magisterské studium teologie. Stal se průkopníkem a misionářem poté, co se Ježíš dotkl jeho života a vyslal ho do služby na plný úvazek. Arnt Jakob nyní žije a pracuje v křesťanském společenství v Os, v němž členové sdílejí své finanční zdroje i životní rytmus založený na modlitbě a misijní práci.

HÅVARD KJØLLESDAL žije v Trondheimu a s manželkou Katrine mají tři děti. Vystudoval sociologii a učí na střední škole. Je zakladatelem sborů v Křesťanském společenství v Trondheimu a spolupracuje s online biblickou školou FOLK Bible School.

DIETRICH SCHINDLER (D. Min Fuller Theological Seminary) se již 28 let podílí na zakládání sborů v Německu. Společně se svou ženou Jan založil Dietrich pět sborů v rámci Svobodné evangelické církve a v roce 2008 se stal jejím výkonným ředitelem pro zakládání sborů. Spolu s dalšími pracuje na dosažení vize založení sta nových sborů během deseti let. Dietrich se narodil v roce 1958 v Milwaukee ve státě Wisconsin do rodiny německých přistěhovalců. Je autorem knihy The Jesus Model: Planting Churches the Jesus Way (UK: Piquant Ed. 2013).

ANDREAS NORDLI je vedoucím pobočky mezinárodní a mezidenominační misijní organizace Youth with a Mission v Norsku (YWAM). Je ženatý s Åsne a mají pět dětí. Žijí v norské centrále YWAM v Grimerudu, který leží v bezprostřední blízkosti města Hamar. Řadu let se věnoval zakládání sborů v Rumunsku, pomáhal školit vedoucí a vysílat rumunské misionáře do dalších zemí. Jeho velkou touhou je vyslat Nory na misii do Evropy i do zemí, jejichž obyvatelé ještě o Kristu vůbec neslyšeli.

ARNE G. SKAGEN je ženatý s Kjersti a mají čtyři dcery. Arne je mezinárodně uznávaný evangelista, který v uplynulých 16 letech spolupracoval s organizacemi jako Christian Network a Ministries Without Borders. Učí a koučuje církve a sbory v mnoha zemích a má přirozený talent pro přípravu věřících k tomu, aby žili a působili v moci Ducha svatého a přiváděli lidi k Ježíši.

M4 – 1. díl: Pán & Poslání
Noví lidé – nová společenství
Změnit sen ve skutečnost

Vydala Česká evangelikální aliance
Plzeňská 166; 150 00 Praha 5
E-mail: info@ea.cz
www.ea.cz
Všechna práva vyhrazena

Originally published in English under the title: M4 Part 2: New people – new fellowships – From dream to reality

© 2013 DAWN Norway
Epleveien 26
4635 Kristiansand S, NORSKO
Tel: (+47) 950 42 260
E-mail: post@dawnnorge.no
www.dawnnorge.no | www.m4europe.com
All rights reserved

Editoři:
Øivind Augland
Harald Giesebrecht

Autoři:
Øivind Augland
Terje Dahle
Harald Giesebrecht
Arnt Jakob Holvik
Øystein Gjerme
Håvard Kjøllesdal
Dietrich Schindler
Andreas Nordli
Arne Skagen

Odpovědný redaktor: Mgr. Jiří Unger
Překlad: Radka Brahová
Jazyková redakce: Tomáš Kadlec a Radmila Navrátilová

Obálka a grafický design: Asketic; www.asketic.lv
Sazba: Martin Morfjord; www.morfjord.com

Všechna práva českého překladu vyhrazena. Žádná část této knihy nesmí být v jakékoli formě publikována bez písemného svolení vydavatele.

Překlad této knihy byl financován z prostředků PROMISE – Platformy pro misii a evangelizaci; www.pro-mise.cz

Vytištěno v České republice

ISBN 978-82-932-5911-4

OBSAH

Předmluva 2

autorech 4

OBSAH 8

Jak používat M4 10
    MASTER • MISSION • MULTIPLICATION • MOVEMENT 10
    Dvě úrovně 12
        Úroveň 1: 12
        Úroveň 2: 12
        Nástroj pro první fázi zakládání sboru 14
        Zakládání sborů, zakládání společenství a různé modely 14

Úvod – Øivind Augland 16
    Odvažte se snít 17
    Mnoho nebo málo – záleží na tom? 20
    Opravdu potřebujeme nové sbory? 23
        Zakládání sborů je biblické 23
        Zakládání sborů je efektivní 24
        Zakládání sborů je nezbytné pro život a životaschopnost denominací 24
        Zakládání sborů dává vizi 24
        Zakládání sborů dává povstat novým vedoucím 25
        Zakládání sborů mění pasivní lidi v aktivní 25
    Lekce z nedávné historie zakládání sborů v Norsku 26

M1- MASTER - Je mi dána veškerá moc na nebi i na zemi 30
    M1-0 Úvod - Øivind Augland 31
    M1-1 Boží království a Boží moc – Øivind Augland 34
        M1-1-1 Úvod 34
        M1-1-2 Boží iniciativa 35
        M1-1-3 Boží sen 40
        M1-1-4 Boží církev 43
    M1-2 Zakladatel sboru – Øivind Augland 46
        M1-2-1 Úvod 46
        M1-2-2 Poslání a Boží povolání 48
        M1-2-3 Obdarování, příprava a osobnost 51
        M1-2-4 Jaký sbor jste povoláni založit? 53
        M1-2-5 Závazek a vykazatelnost ve vztazích 58
    M1-3 Budování základního týmu – Terje Dahle 62
        M1-3-1 Úvod 62
        M1-3-2 Vedoucí v Bibli pracovali společně v týmech 63
        M1-3-3 Týmová práce jako odpověď na výzvy dnešní doby 63
        M1-3-4 Základní důvody, proč by měl jednotlivec pracovat v kontextu týmu 64
        M1-3-5 Sdílené hodnoty a vize – základ pro úspěšnou týmovou práci 65
    M1-4 Jasná vize – Øystein Gjerme 74

- M1-4-1 Úvod 74
- M1-4-2 Zkušenosti s přijetím Božího povolání v Bibli 74
- M1-4-3 Proč je jasná vize tak důležitá? 75
- M1-4-4 Jak přijmout vizi za svou 80
- M1-4-5 Jak rozvíjet vizi 84

M1-5 Od slov k činům 86

- M1-5-1 Ke kapitole M1-1: Bůh a jeho všemohoucnost – Øivind Augland 86
- M1-5-2 Ke kapitole M1-2: Zakladatel sboru – Øivind Augland 89
- M1-5-3 Ke kapitole M1-3: Budování základního týmu – Terje Dahle 92
- M1-5-4 Ke kapitole M1-4: Jasná vize – Øystein Gjerme 95
- M1-5-5 Učební cíle a hodnotící škála pro zakládání sboru 98

M2 - MISSION/POSLÁNÍ – JDĚTE! 102

M2-0 Úvod – Øivind Augland 103

M2-1 Průkopnická práce a zóny pohodlí – Øystein Gjerme 107

- M2-1-1 Úvod 107
- M2-1-2 Boží vyslání 107
- M2-1-3 Závazek 111
- M2-1-4 Vyjít ze zóny pohodlí 115
- M2-1-5 Vysláni spolu 118
- M2-1-6 Shrnutí 121

M2-2 Milovaný a vyslaný – Arne Skagen 122

- M2-2-1 Úvod 122
- M2-2-2 Poháněný láskou 123
- M2-2-3 Modlitební podpora 125
- M2-2-4 Blízko Ježíši – blízko lidem 126

M2-3 Žeň je zralá – Arne Skagen 128

- M2-3-1 Úvod 128
- M2-3-2 Žeň je mnohá 129
- M2-3-3 Porozumět jazyku žně 132
- M2-3-4 Společně na žni 134

M2-4 Kázání evangelia slovem i skutkem – Arnt Jakob Holvik 139

- M2-4-1 M2-4 1 Úvod 139
- M2-4-2 Evangelium – „Moc Boží ke spasení" 140
- M2-4-3 Poslání a misie 142
- M2-4-4 Rozměr moci 144
- M2-4-5 Praktická láska – diakonická služba 147
- M2-4-6 Kázání a moc 148

M2-5 Od slov k činům 151

- M2-5-1 Ke kapitole M2-1: Průkopnická práce a zóny pohodlí – Øystein Gjerme 151
- M2-5-2 Ke kapitole M2-2: Milovaný a vyslaný – Arne Skagen 153
- M2-5-3 Ke kapitole M2-3: Žeň je zralá – Arne Skagen 154
- M2-5-4 Ke kapitole M2-4: Kázání evangelia slovem i skutkem – Arnt Jakob Holvik 156
- M2-5-5 Učební cíle a hodnotící škála pro zakládání sboru 157

Doporučená literatura pro M1 a M2 160

Jak používat M4

MASTER • MISSION • MULTIPLICATION • MOVEMENT

> *„Je mi dána veškerá moc na nebi i na zemi. Jděte ke všem národům a získávejte mi učedníky, křtěte je ve jméno Otce i Syna i Ducha svatého a učte je, aby zachovávali všecko, co jsem vám přikázal. A hle, já jsem s vámi po všecky dny až do skonání tohoto věku."*
>
> Matouš 28,18-20

Na základě velkého poslání jsme rozpracovali čtyři klíčové oblasti, z nichž každá v angličtině začíná písmenem M. Jsou to:

MASTER (PÁN): *„Je mi dána veškerá moc na nebi i na zemi."*

MISSION (POSLÁNÍ): *„Jděte..."*

MULTIPLICATION (MULTIPLIKACE): *„... ke všem národům a získávejte mi učedníky, křtěte je ve jméno Otce i Syna i Ducha svatého a učte je, aby zachovávali všecko, co jsem vám přikázal."*

MOVEMENT (HNUTÍ): *„A hle, já jsem s vámi po všecky dny až do skonání tohoto věku."*

Kurz M4 je rozdělen do dvou knih: 1. díl pokrývá témata M1 – Master/Pán a M2 – Mission/Poslání, 2. díl témata M3 – Multiplication/Multiplikace a M4 – Movement/Hnutí.

Kurz M4 je určen všem, kdo se věnují zakládání nových společenství. Tyto knihy obsahují základní témata, která budou určitě blízká všem, kdo jsou zapojeni do zakládání sborů. Kurz M4 je zamýšlen jako učební pomůcka pro vás i váš tým. Vše, co v těchto knihách najdete, je k dispozici také jako online video lekce. Online najdete rovněž další materiály a zdroje

(například články a rozhovory se zakladateli sborů), které se vám během vzdělávacího procesu mohou hodit.

Dvě úrovně

M4 – dvě úrovně

Úroveň 1:

M4 je možné používat jako *zdroj pro jednotlivé zakladatele sboru i pro celé zakládající týmy*. Na konci každé části M4 najdete sérii cvičení, jež vám mají pomoci propracovat se čtyřmi základními oblastmi, které jsme stanovili na základě velkého poslání. Knihy jsou koncipovány jako pomůcka a nástroj pro rané fáze zakládání sboru. Když je budete používat v kontextu skupiny, je důležité, aby cvičení vypracoval každý člen týmu ještě předtím, než se pustíte do další sekce. Doporučujeme, abyste si pro tato cvičení vyhradili několik setkání svého základního týmu.

Knihy obsahují:

» Čtyři klíčové oblasti velkého poslání – Master (Pán), Mission (poslání), Multiplication (multiplikace) a Movement (hnutí). Ke každému uvádíme také sekundární témata.

» Týmová cvičení, případové studie, individuální cvičení a učební cíle pro každou klíčovou oblast na webových stránkách m4europe.com. Na webových stránkách najdete i šablony pro týmové úkoly, které je možné využít. Úkoly vychází z předchozích cvičení, která jste již absolvovali.

Úroveň 2:

M4 lze rovněž využít jako *prostředek pro vytvoření sítě a společenství mezi zakladateli sborů a jejich týmy*, kdy je možné se učit ze zkušeností ostatních křesťanů, kteří se zakládáním sborů zabývají. Autoři M4 jsou přesvědčeni, že zakladatelé sborů a jejich týmy potřebují další lidi, kteří jim pomohou a budou je při zakládání sboru podporovat. Setkání s jinými týmy, jež se nacházejí ve stejné situaci, může být motivací a povzbuzením a mít i praktický přínos. Podobná setkání se dají zorganizovat v rámci regionu nebo denominace, sítě či organizace, jejímž prostřednictvím sbor zakládáte. Po několika letech práce s M4 vidíme, že všechny týmy musí být během procesu zakládání sboru vykazatelné ostatním, aby si vzájemně pomohly soustředit se na správné věci.

[2] Další informace najdete na www.m4europe.com.

Vedoucí sítě zakládání sborů v Norsku také vytvořili „proces školení školitelů", určený vedoucím v různých denominacích a národech, které používají M4 jako nástroj pro zakládání sborů ve svém vlastním kontextu. Toto školení je určeno převážně pro vedoucí, kteří zodpovídají za zakládání sborů v organizacích a církvích, a pro lidi, kteří jsou školiteli a kouči pro zakladatele sborů.[2]

V M4 zveme zakladatele sborů a jejich týmy, aby se připojili k procesu, který bude trvat 18 měsíců. Společně s dalšími týmy projdou školením, jež zajistí zkušení vedoucí, kteří budou v celém procesu fungovat jako jejich koučové.

Tyto semináře lze zorganizovat na regionální úrovni nebo specificky pro vaši organizaci, síť či církevní společenství. Frekvence a délka setkání se může lišit v závislosti na konkrétní situaci. Semináře se soustřeďují především na témata M4, ale je v nich i dostatek času pro výměnu zkušeností s ostatními, spolupráci mezi různými týmy, vyučování, setkání k modlitbě a přímluvám a pro koučování ve skupině. Lidé, kteří budou používat M4 na úrovni 2, také získají:

Ti, kteří používají M4 na úrovni 2 rovněž obdrží:

» Přístup k videolekcím a dalším materiálům na interaktivní online platformě Growdly. Všichni členové týmů zakládajících sbor, kteří se do procesu zapojí, budou mít přístup do třídy s vlastním webovým přihlášením. Najdou zde individuální a týmová cvičení a budou mít možnost online kontaktu s jinými týmy.

» Pomoc, inspiraci a následnou zpětnou vazbu a kontakt ze strany školených koučů, kteří při implementování procesu zakládání sboru zaměřeného na cíle umožní vysokou míru vykazatelnosti.

Nástroj pro první fázi zakládání sboru

M4 je pouze nástroj, takže k tomu, abyste z něj měli prospěch, budete muset jako tým vynaložit určité úsilí. Jsme přesvědčeni, že Bůh si zbuduje svou církev prostřednictvím nově založených sborů. Věříme také, že M4 může pomoci všem, kdo se na vzniku nových sborů budou podílet. Proces, jímž vás knihy provedou, vám pomůže změnit váš sen ve skutečnost.

Uvidíte, jak váš nově zakládaný sbor roste na základní skupinu (jádro) 30 - 70 lidí, kteří si společně vytvoří jasnou vizi založenou na jasných hodnotách, budou oslovovat lidi a vychovávat učedníky a jejich životy budou vzorem pro nové členy společenství. Tito lidé budou jasně vědět, k čemu Bůh povolal jejich církev nebo sbor, a budou mít jasný plán, jak to chtějí v následujících letech realizovat. To je jen výběr několika věcí, s nimiž vám může M4 pomoci.

Zakládání sborů, zakládání společenství a různé modely

V knihách používáme různé termíny a pojmy, které v zásadě znamenají totéž. Mluvíme o rozjezdu nových společenství, zakládání sborů, zakládání komunit, zakládání misijních a přechodových společenství, zakládání společenství víry a dalších. Tyto různé pojmy mají odpovídat různým kontextům a jejich používání závisí na tom, co přirozeně používají lidé ve své církvi, síti nebo organizaci. Jsme si jisti, že M4 bude užitečné i ve vašem kontextu, nehledě na to, jaké pojmy budete používat.

Další pojem, který se v současné době používá, je *opětovné zakládání (replanting)*. Opětovné zakládání popisuje proces, kdy se nová práce rozjíždí v rámci již existujícího, ale „umírajícího" společenství. Věříme, že strategie M4 se budou hodit i pro situaci lidí, kteří pracují na opětovném zakládání sboru.

M4 nepředkládá nějaký konkrétní model nebo metodu pro zakládání sboru. Věříme však, že je důležité zvolit si model, podle něhož budete postupovat. Pomůže vám soustředit se na ten druh společenství, který zakládáte. To, který model je nejlepší, bývá často předurčeno kontextem, v němž tým pracuje, přičemž jiné týmy mohou mít mnohem širší možnosti pro výběr. M4 vám předloží otázky, které vám pomohou najít vhodný model: „Zakládáme místní sbor nebo síť společenství? Byl by pro nás nejlepší model založený na buňkách[3] nebo spíše model domácí církve[4]? Pokud zakládáme společenství ve velkém městě, hledáme inspiraci u velkých církevních sítí jako Hillsong[5] nebo Redeemer[6]? Sníme o sboru, který by měl více jednotlivých společenství či stanic (multi-site church)[7] nebo o organickém hnutí?[8] Soustředíme se na misijní společenství[9] nebo něco ještě kreativnějšího?[10]" Jsme přesvědčeni, že M4 je pracovní nástroj, který se bude hodit pro libovolný model a na cestě od snu k realitě vám poskytne potřebnou pomoc.

[3] Neighbour, Ralph W.: *Where do we go from here? A Guidebook for the Cell Group Church*. Houston, TX: TOUCH Publications, 2000. Beckham, William A.: *The second reformation*. Houston, TX: TOUCH Publications, 1997. Comiskey, Joel T.: *Home Cell Group Explosion: How Your Small Group Can Grow and Multiply*. Houston, TX: TOUCH Publications, 2002. Comiskey, Joel T.: *Planting churches that reproduce; Starting network of simple Churches*. Lima OH: CCS Publishing, 2009.

[4] Simson, Wolfgang: *Hjem som forandrer verden*. Grimerud: Prokla Media, 2006. Kreider, Larry: *House Church Networks: A Church for a New Generation*. Lititz, PA: House to House Publications, 2001.

[5] www.hillsong.com. Viz také www.hillsong.co.uk

[6] www.redeemercitytocity.com

[7] Surratt, Geoff, Ligon, Greg a Bird, Varren: *The Multi-Site Church Revolution*. Grand Rapids: Zondervan, 2011.

[8] Cole, Neil: *Organic Church: Growing Faith Where Life Happens*. West Sussex: Jan Wiley & Sons, 2005. Viz také webové stránky: www.simplechurch.eu.

[9] Breen, Mike a Hopkins, Bob: *Cluster - Creative Mid-Sized Missional*. Sheffield: ACPI, 2009. Stetzer, Ed: *Planting Missional Churches*. Nashville, TN: Broadman & Holman Publishers, 2006. Hirsch, Allan: *The forgotten Ways*. Grand Rapids: Brazos Press, 2006.

[10] Halter Hugh a Smay, Matt: *DNA - The Gathered and Scattered Church*. Grand Rapids: Zondervan, 2010.

Úvod –
Øivind Augland

„Nikdy nejste příliš
staří na to, abyste si
nestanovili další cíl nebo
začali snít nový sen."
C. S. LEWIS

„Když Bůh působí,
je založen sbor.
Vždy je to zázrak."
ED STETZER

Odvažte se snít

Sníte o tom, že byste založili nové společenství nebo sbor? Máte sen, že oslovíte nové lidi evangeliem, přivedete je ke Kristu a budete je vyučovat, aby se jako učedníci mohli zapojit do živého společenství věřících? Mluvil s vámi Bůh o oslovení konkrétní skupiny lidí, čtvrti nebo kulturní či etnické skupiny ve vaší zemi nebo jinde v Evropě? Pokud vaše odpověď zní ano, pak je kurz M4 určen právě vám. Síť zakládání sborů v Norsku už dvacet let pracuje na zakládání sborů a multiplikaci společenství. Za posledních 15 let jsme byli svědky toho, jak bylo v Norsku založeno kolem 350 nových společenství. Vidíme také, že se většina denominací, organizací a sítí stále výrazněji soustřeďuje na zakládání nových společenství i na zakládání sborů mezi přistěhovalci.

Z historického hlediska vidíme jasnou souvislost mezi růstem v církvích a organizacích a tím, zda a v jaké míře zakládají nová společenství. Ty, které v období od 60. let minulého století do současnosti založily nová společenství a sbory, zažívaly růst, zatímco ty, co nové sbory nezakládaly, stagnovaly nebo jim počet sborů klesal. Zakládání nových sborů v Norsku *téměř* dokázalo nahradit úbytek, který vidíme v tradiční církvi. Věříme tedy, že v Norsku, Skandinávii a celé Evropě je dost místa pro nová společenství – ve městech, na předměstích, v menších obcích i na vesnicích.

Všimli jsme si také, že nově založené sbory se svou formou a typem obvykle velice podobají sborům, z nichž vzešly. V nově vzniklých sborech uvěří více lidí než v těch starších a zavedených a mnohé sbory pořádají bohoslužby tvořivějšími způsoby. Důvodem, proč jsme svědky tohoto jevu, může být skutečnost, že nová společenství přikládají větší prioritu vztahům než programům a službám. Přesto většina nových společenství dává přednost bohoslužbám v určitý den v týdnu na konkrétním místě.[11] Vidíme to jak ve státní Norské církvi, tak v jiných denominacích. Když se blíže podíváme na Anglii a hnutí zakládání sborů, které tam probíhalo v 80. - 90. letech minulého století, budeme mít i jasnější představu o tom, co se odehrává na poli zakládání sborů v Evropě jako celku. Stuart Murray a Anne Wilkinson-Heysová nám v knize *Hope from the Margins* (Naděje z okrajů) nabízejí následující popis situace na poli zakládání sborů v Anglii:[12]

» Většina církví, které v 80. - 90. letech založily nový sbor, tak učinily pouze jednou. Jen velice málo nových sborů rostlo dostatečně rychle na to, aby byly schopny samy založit nový sbor.

» Mnoha menším církvím a sborům v založení nového sboru bránilo přílišné soustředění na potřebu lidských nebo materiálních zdrojů pro zakládání sborů.

» Velké množství nově založených sborů skončilo, začalo stagnovat nebo přitáhlo jen lidi, kteří už byli spaseni.

» Ke snahám založit sbory docházelo hlavně v těch oblastech, kde již existovalo povícero církví, přičemž řada nejvíce urbanizovaných oblastí zůstala neoslovena.

V Norsku je spousta dobrých nově založených sborů a vidíme příklady toho, kdy nové sbory založily další nové sbory. Ovšem to, co se odehrálo v Anglii, dost přesně popisuje to, čeho jsme v uplynulých 30 letech byli svědky i v Norsku. Docházejí Murray a Wilkinson-Heysová k závěru, že už není potřeba zakládat nové sbory? Právě naopak: „Multiplikace sborů bude to nejdůležitější, co můžeme udělat, abychom se dokázali se situací v dané zemi vypořádat." Přesně to proběhlo v Anglii v uplynulých deseti letech v rámci anglikánské církve, která se postavila do čela svou sítí „Fresh Expressions".[13] Když měl arcibiskup Rowan Williams definovat *církev*, odpověděl:

---

[11] Modely z Hillsong, Willow Creek a Saddleback v sobě mají zabudovanou strukturu „pojďte k nám". Viděl jsem, že díky této struktuře uspěla řada církví. Ty, jimž se dařilo, měly jasný plán, jak vést lidi od pouhé návštěvy bohoslužeb, které jsou přátelsky nakloněny hledajícím, k víře a učednictví.

[12] Murray, Stuart a Wilkinson-Heysová, Anne: *Hope from the Margins - New Ways of Being Church*. Cambridge, UK: Grove Books, 2000 (str. 4-5).

[13] Williams, Rowan a kol.: *Mission-shaped church; church planting and fresh expressions of church in a changing context*. London: Church House Publishing, 2004.

[14] Viz www.acpi.org.uk.

„(Církev je) to, co se odehrává, když se lidé setkávají se vzkříšeným Ježíšem a pevně se rozhodují udržovat a prohlubovat toto setkání v setkávání se mezi sebou navzájem…"

Proč definoval církev zrovna takto? Jeden z důvodů najdeme v pokračující diskusi o konceptech církve a zakládání sborů. Když slyšíme výraz „zakládání sborů", často se nám vybaví názor, že jde zase jen o „opakování toho, co už známe". Prostřednictvím sítě „Fresh Expressions" se anglikánská církev snaží motivovat lidi a pomoci jim najít nové způsoby zakládání sborů tím, že jim dá prostor pro kreativitu a rozmanitost. Při práci s „církví formovanou misií" došli k závěru, že církve by se ze samotné své podstaty měly soustředit na misii a vtělit se do kontextu, v němž zakládají nové sbory.[14]

Totéž vidíme v celé Evropě. Bůh si povolává celou armádu průkopníků, mladých i starých, kteří už nejsou spokojeni se stávající situací. Mají odvahu vyjít ven, být průkopníky nové práce a založit nová společenství. Lidé jsou spaseni a vstupují do Božího království. Jsou novou armádou Božího lidu a žijí v duchu Jónatana, syna izraelského krále Saula. Pojďme se nyní na Jónatanův příběh podívat.

Mnoho nebo málo – záleží na tom?

[15] 1. Samuelova 14,6-10

Mám-li popsat situaci církve v dnešní Evropě, cítím, že ke mně Bůh promlouvá skrze jeden konkrétní biblický příběh, který mi stále připomíná. Najdeme ho v 1. Samuelově 14:

> *Jónatan tedy vyzval mládence, svého zbrojnoše: „Pojď, pronikneme k postavení těch neobřezanců. Snad pro nás Hospodin něco udělá. Vždyť Hospodinu nemůže nic zabránit, aby zachránil ať skrze mnoho nebo skrze málo." Zbrojnoš mu odpověděl: „Udělej všechno, co máš na mysli. Jen vpřed! Já budu s tebou podle tvé vůle." Jónatan rozhodl: „Pronikneme k těm mužům a znenadání se před nimi objevíme. Jestliže nás vyzvou: ,Nehýbejte se, dokud k vám nedorazíme,' zůstaneme na místě a nepůjdeme k nim nahoru. Jestliže však řeknou: ,Pojďte k nám nahoru,' půjdeme vzhůru, neboť Hospodin nám je vydal do rukou. To bude pro nás znamením."* [15]

Izraelci byli pod velkým tlakem a vojáci ze Saulovy armády se před armádou Pelištejců ukrývali v jeskyních. Stáhli se, vzdali a báli se, co by se jim mohlo stát. Najednou se objevil mladý muž, Saulův syn Jónatan! Chce vědět, co si o dané situaci myslí Bůh. Zná Hospodina a ví, že Hospodin udělá to, co řekne – ať už prostřednictvím mnoha nebo mála, na tom nezáleží. Jeho poznání Boha spolu s touhou dozvědět se, co chce Bůh v konkrétní situaci udělat, dává Jónatanovi odvahu jednat. Vezme si s sebou jen jednoho zbrojnoše a vyráží proti Pelištejcům. Co se válečné strategie týče, Jónatan udělal správně jen jednu věc: nevydal se čelit nepříteli sám!

Jónatan prožil, že Bůh je s ním – dal mu vítězství nad pelištejskou posádkou. Ještě úžasnější však je to, co se stane pak. Díky Jónatanově víře se přímo před očima Saulovy armády odhalují Boží cesty a dávají vojákům odvahu, kterou potřebují, aby vyšli z jeskyní a bojovali po Jónatanově boku. Zakrátko se dokonce i ti Izraelci, kteří přeběhli na stranu Pelištejců, zařazují do Saulovy armády – aby bojovali proti Pelištejcům!

Bůh nepotřebuje spoustu lidí, ale potřebuje někoho, kdo se mu odváží věřit a stát za tím, co Bůh říká. Když se to stane, je možné pro Boha vykonat velké

[16] Jóel 2,8

[17] Greg, Pete a Blackwell, David: *24-7 Prayer Manual.* Colorado Springs: David C. Cook, 2010.

věci. Bůh potřebuje někoho, kdo půjde v poslušnosti, aby církvi, která se vzdala a ukrývá ve strachu z toho, co by se jí mohlo stát, vrátil víru, naději a vnímání Boží zmocňující přítomnosti.

Jónatanův příběh podle mne popisuje to, co Bůh dělá v dnešní Evropě. Bůh si povolává mladé průkopníky a zakladatele církevních společenství, kteří budou mít odvahu říct: „Podívejme se, co Bůh udělá! Ať už je nás mnoho nebo málo – komu na tom záleží? Víme, že BŮH PROMLUVIL."

Tyto lidi najdeme uvnitř tradičních církví a společenství i mimo ně. Dobývají novou zemi a dělají věci, které nikdo předtím neviděl. Přinášejí církev ven mezi lidi a dávají jí nové formy. Společně tvoří malou armádu. Řečeno slovy Jóela:

„Jeden druhému nepřekáží, každý jde určeným směrem. Když narazí na oštěpy, neprořídnou..."[16] Když Pete Greg rozjížděl modlitební hnutí 24-7, měl vizi armády:[17]

„... otevřu ústa a vycházejí taková slova ... Vize? Vizí je JEŽÍŠ – nutkavě, nebezpečně, nepopiratelně Ježíš. Vizí je armáda mladých lidí. Vy vidíte kosti? Já vidím armádu. A jsou to lidé OSVOBOZENÍ od materialismu. Smějí se těm malým vězením, v nichž lidé sedí od devíti od rána do pěti odpoledne. V pondělí mohou jíst kaviár a v úterý chlebovou kůrku a ani si toho nevšimnou. Znají smysl Matrixu, vědí, jak byl dobyt Západ. Jsou mobilní jako vítr, patří národům. Nepotřebují pas. Lidé si jejich adresy zapisují tužkou a podivují se nad jejich podivnou existencí. Jsou svobodní, a přesto jsou otroky trpících a špinavých a umírajících. Co je tou vizí? Vizí je svatost, z níž až bolí oči. U dětí vyvolává smích a u dospělých hněv. Už dávno se vzdala hry na minimální míru integrity, aby mohla sáhnout po hvězdách. Pohrdá dobrým a usiluje o to nejlepší. Je nebezpečně čistá.

Z každého tajného motivu i každé soukromé konverzace probleskuje světlo. Láskou odvrací lidi od jejich sebevražedných kroků, od hrátek s ďáblem. Je to armáda, která pro věc položí svůj život. Miliónkrát denně si její vojáci volí ztrátu, aby jednoho dne mohli získat ono velké ocenění věrných synů a dcer: „Dobrá práce." Takoví hrdinové jsou stejně radikální v pondělí ráno jako v neděli večer. Nepotřebují slávu pocházející ze jmen. Místo toho se tiše usmívají k nebi a slyší, jak davy znovu a znovu volají: „JEN DÁL!"'

Dají do toho vše, ať to stojí cokoli: Neřídí se zaběhanými pořádky... Vzdají se svých práv i svých malých ukřivděností, smějí se nálepkám... Jsou neuvěřitelně skvělí, nebezpečně atraktivní --- uvnitř... V potu a krvi, v mnoha slzách, v bezesných nocích i neplodných dnech se modlí, jako by vše záviselo na Bohu, a žijí, jako by vše záviselo na nich.

A tahle vize se naplní. Už je na spadnutí, přijde jednoduše, přijde brzy. Jak to vím? Protože to je touha samotného stvoření, lkání Ducha, sen samotného Boha. Můj zítřek je jeho dneškem. Moje vzdálená naděje je jeho 3D. A moje slabá, šeptaná a nedůvěřivá modlitba vzývá hromové, zvučící, rozechvívající a ohromné „Amen!" od bezpočtu andělů, od hrdinů víry i Krista samotného. Protože ten sen je prvotně jeho, konečného vítěze. Je to jisté. (z knihy The Vision)

Neohlížejte se zpět – JDĚTE! Prostě se dejte do pohybu. Budete-li žít v poslušnosti, vrátíte církvi v Evropě naději. Církev musí opět *vidět, zažít* a *uvědomit si*, že Bůh je v našem světě živou realitou. On to s Evropou ještě nevzdal. Chce ukázat svou svrchovanost kontinentu, kde lidé racionalizací odmítli realitu víry. Jen se vydejte na cestu! JDĚTE! Buďte jako Jónatan! Když budete poslušní, připojíte se k řadám těch, kdo lidem kolem vás přinášejí naději, víru a Boží přítomnost. Jednou přijde den, kdy církev v Evropě znovu povstane, vyjde ze svých skrýší a dobude zemi, která jí byla slíbena. Boží království pak bude na našem kontinentě opět vidět. Buďte mezi těmi, kdo půjdou v čele a umožní, aby se to stalo realitou!

[18] Tolfsen, Øyvind: The Swedish Research (Sverige undersøkelsen) 2011.

[19] Matouš 16,18

[20] Matouš 28,18-20

Opravdu potřebujeme nové sbory?

Jste asi jedním z těch, kdo prohlašují: „Samozřejmě, že potřebujeme nové sbory. Co je to za hloupou otázku?" Ne všichni lidé však vidí věc stejně. Možná jste potkali někoho, kdo říká: „Copak už nemáme církví a sborů dost? Měli bychom pracovat na tom, aby se zaplnily ty, co už existují." Když se podíváme na situaci ve Švédsku mezi lety 2000 a 2010, zavíral se tam v této době průměrně jeden kostel či modlitebna týdně.[18] Úbytek členů v denominacích a organizacích byl tak dramatický, že kdyby měl tento trend pokračovat stejným tempem, staly by se evangelikální církve během následujících 50 let „historií". Vedoucí několika církví a organizací si jsou této skutečnosti vědomi a nyní se intenzivně soustřeďují na zakládání nových sborů a společenství. Švédsko by v následujících deseti letech potřebovalo *tisíc nových sborů, jen aby zabránilo pokračování tohoto úbytku.*

> Potřebujeme tedy zakládat v Evropě nové sbory? Odpověď zní ANO! V následující části předložíme další argumenty, abychom ukázali, proč je zakládání sborů tak důležité.

Zakládání sborů je biblické

Ježíš říká, že si zbuduje svou církev.[19] Velké poslání nás vysílá, abychom získávali učedníky ve všech národech a etnických skupinách.[20] V knize Skutků čteme příběh o tom, jak se evangelium šířilo po světě a jak slovo o Bohu natolik nabylo na síle, že se církev rozšířila do všech oblastí společnosti. To se mohlo stát pouze tak, že vznikaly nové sbory, které se zase multiplikovaly tím, že zakládaly další sbory. Multiplikace je totiž stejně jako v přírodě jediný způsob, jak lze přenést život do další generace. Při zakládání sborů to funguje takto: Za prvé, kážeme evangelium o Ježíši Kristu. Za druhé, lidé jsou spaseni. Za třetí, noví věřící se setkávají ve společenství. Za čtvrté, vznikne nový sbor. Pokud multiplikace funguje v přírodě, platí také pro křesťanské společenství. Je to takhle jednoduché.

Zakládání sborů je efektivní

Dějiny církve nám ukazují, že často je efektivnější založit nový sbor, který se dívá dopředu, než se snažit změnit letité postoje již zavedeného sboru. Změna a obnova zavedených sborů je samozřejmě důležitá, ale neměla by se stavět do cesty našemu soustředění se na zakládání *nových* sborů. Zavedené sbory často mají potíže, když mají oslovit nové lidi. Nová společenství se však vyznačují jakousi zvláštní vitalitou a vizí, která přitahuje nové lidi a vede je k pokání a podřízení se Ježíši. Výzkumy ukazují, že ve Švédsku se pětadvacet procent všech křtů odehrává v nových sborech. A to *nové sbory ve Švédsku představují jen osm procent všech sborů*. To ukazuje, že nové sbory jsou třikrát efektivnější při oslovování nových lidí než již déle zavedené sbory. Naznačuje to také, že jakmile se sbory více „usadí" a zavedou, ztrácejí při oslovování nových lidí na efektivitě.

Zakládání sborů je nezbytné pro život a životaschopnost denominací

Statistiky z různých denominací v Evropě ukazují, že mezi zakládáním sborů a růstem v různých církevních prostředích existuje jasný vztah. Denominace, které se nezapojují do zakládání sborů a vytváření nových společenství, začínají upadat. Zakládání sborů je pro život a životaschopnost denominace nezbytností. Bůh je Bohem generací – Abrahama, Izáka a Jákoba. Rodina do další generace přetrvá, jen když bude mít děti. Dějiny církve v Evropě ukazují, že církevní denominace a organizace, které se nenásobí tím, že připravují nové vedoucí a zakládají nové sbory, do tří generací vymírají.

Zakládání sborů dává vizi

Máme-li najít dobré odpovědi, musíme si klást dobré otázky. Někteří lidé se ptají: „Proč zakládat nové sbory, když v těch starých je pořád dost místa?" nebo „Proč si dávat práci se zakládáním dalšího letničního sboru, když v tomhle městě už jeden je?" To jsou nesprávné otázky. Pokud se budete soustřeďovat na tento druh otázek, dojdete k nesprávným závěrům. Když však máme vizi, pobízí nás to, abychom si kladli správné otázky: „Kdo ještě neslyšel evangelium? Jak můžeme tyto lidi oslovit? Jaký model církevního společenství nám v tom může pomoci? Co je pro tyto lidi důležité a s čím si dělají starosti? Nemůžeme čekat, že lidé za námi přijdou sami, my musíme jít za nimi." Jestliže vedoucí nenačrtnou alternativní obraz budoucnosti, skončíme tím, že budeme opakovat to, co děláme už dnes. Vize pro zakládání sborů dává svobodu průkopníkům, kteří mají odvahu vydat se obdělávat novou půdu.

Zakládání sborů dává povstat novým vedoucím

Zakládání sborů je vynikající prostředí pro povzbuzení nových vedoucích k dalšímu rozvoji. Dává prostor pro nové možnosti a lidi s energií, odvahou, časem, talentem, finančními zdroji a vizí.

Zakládání sborů mění pasivní lidi v aktivní

Cílem zakládání sborů je oslovit nové lidi. V Norsku a Evropě ovšem řada lidí od církve a víry odešla. Nové sbory mají šanci oslovit tyto lidi, dát novou energii jejich víře a přivést je do společenství, kde mohou ve svém křesťanském životě růst.

Lekce z nedávné historie zakládání sborů v Norsku

1. Korintským 13

U uplynulých třiceti letech jsme si všimli, že nově založené sbory v Norsku jsou „zdravější". Například dnes končí svou existenci méně nově založených sborů než v 80. letech. Třeba něco z toho, co jsme se během let naučili my, může i vám pomoci zakládat sbory zdravějším způsobem. Některé z našich zkušeností a poznatků najdete v následujících odstavcích.

Ne na základě vzpoury nebo arogance, ale se srdcem služebníka: Postoje zakladatele sboru mohou rozhodujícím způsobem ovlivnit budoucnost nového sboru. Sbor založený s myslí znečištěnou pýchou, arogancí a vzpourou může přinášet pouze špatné ovoce. Vedoucí, kteří jsou rozhněvaní nebo vzpurní – ti, kteří chtějí založit nový sbor, protože si myslí, že to zvládnou lépe, nebo chtějí, aby jejich mateřský sbor měl ostudu – nejsou k zakládání nového sboru připraveni. Jsme povoláni, abychom žehnali, ne proklínali, abychom žili ve víře a odpuštění, ne v obviňování.

Na prvním místě jsou vztahy s učedníky: Ne programy, ne budovy – na prvním místě mají být lidé. Zakládání sborů je o lidech, ne o aktivitách. Naším cílem by vždy mělo být říkat evangelium dalším lidem, vést je ke Kristu a vychovávat z nich učedníky, kteří budou zralí v životě i službě. Kvalitní programy jsou dobré, ale musíme je vidět jako prostředek, ne cíl zakládání sborů.

Ne sami, ale společně: Musíte si stanovit priority a vytvořit dobré týmy, abyste do projektu vnesli rozmanité duchovní dary, které jsou zapotřebí pro vytvoření zdravého společenství. Jeden osamocený člověk, byť obdařený mimořádnou kombinací talentů a darů, nestačí. Charakter má přednost před charismaty. Dary ustanou, ale láska nikdy nezanikne.[21] Na to je potřeba pamatovat, když budete hledat členy týmu. Láskyplné vztahy mezi členy základního týmu (jádra) jsou silným a zdravým základem pro evangelizaci. Lidé jsou zváni do společenství, kde vidí evangelium v podobě těla a krve, prožívané v našich vztazích. To je přesně ten druh společenství, kde se může odehrávat učednictví.

Relevance a věrnost: Je velice důležité, abychom vytvářeli církevní společenství, která budou mít co říct lidem stojícím mimo církev. Celou podstatou zakládání sborů je nést evangelium tak, aby bylo relevantní v jakémkoli konkrétním kontextu. Touha po relevanci se však může stát i kamenem úrazu. Nikdy nesmíme kvůli relevanci činit kompromisy vůči evangeliu. Když se snažíme ztotožnit s kulturou, musíme dbát na to, aby naše motivace vycházela ze správných

[22] Přísloví 16,8

[23] 2. Korintským 12,9

postojů. Můžeme mít ty největší sny a plány, ale pokud nebudeme skutečně pokorní a věrní ve svém postoji vůči Božímu slovu, dozajista selžeme.[22] Touha mít posluchačům co říct nesmí nikdy nahradit nekompromisní věrnost evangeliu a upřímnost ohledně toho, co následování Krista opravdu stojí.

Rodina je na prvním místě – tomu se nelze vyhnout: Církev je popsána jako Boží rodina a dobře fungující rodina je jedním z nejlepších vzorů pro nové společenství. Naše rodiny musí být schopné prakticky ukazovat, jak rosteme v Božím slově, jak spolu mluvíme v duchu milosti a pravdy a jak milujeme své bližní slovy i skutky. Pokud ovšem v naší rodině vládnou sváry, je dost pravděpodobné, že se to bude projevovat i v našem nově založeném sboru.

Závazek vůči církvi neomlouvá problémy v rodině – zakladatel sboru se nikdy nesmí schovávat za své církevní aktivity. Dobrý zakladatel církevního společenství je také dobrý manžel a otec, manželka a matka. Manželství, které trpí závažnými problémy, nebo špatně fungující rodinu nemůžeme nikdy omlouvat tím, že máme služební povinnosti.

To je několik lekcí, které jsme se během let naučili. V rámci M4 se budeme zabývat těmito i mnoha jinými tématy. Budete mít možnost zamyslet se nad svým vlastním životem a službou a projít společně jako jádro nového sboru různými procesy. Pokud opravdu chcete, aby byl proces M4 pro vás přínosem, musíte se odvážit otevřít se a být k sobě navzájem upřímní. Pavel nás učí:

> *„'Stačí, když máš mou milost; vždyť v slabosti se projeví má síla.' A tak se budu raději chlubit slabostmi, aby na mně spočinula moc Kristova."* [23]

Chceme-li mít moc, kterou nám Bůh chce dát, musíme být pokorní, poslušní a podřídit se tomu, jemuž je dána „veškerá moc na nebi i na zemi". Tady to vše začíná.

„Je mi dána veškerá moc
na nebi i na zemi."

M1. MASTER - Je mi dána veškerá moc na nebi i na zemi

M1-0

Úvod - Øivind Augland

[24] Matouš 28,18-20

[25] Matouš 16,18

„Bůh žehná korejským megacírkvím i domácím sborům v Číně. Nedržte se modelů, držte se Ježíše" - Ed Stetzer

„V celém stvoření neexistuje ani centimetr čtvereční, o němž by Ježíš Kristus neprohlašoval: ‚Je to moje! Patří to mně!'" - Abraham Kuyper

„Je mi dána veškerá moc na nebi i na zemi."[24] To je první věta velkého poslání. Začíná Boží mocí a Božím pověřením. Církev je Boží sen a iniciativa. Bůh říká: „... zbuduji svou církev."[25] Církev je *jeho*. Církev existuje pro *něj* a skrze *něj*. Chcete-li založit nový sbor, musíte vědět, kdo vás vyslal a k čemu vás povolal. Jsme přesvědčeni, že je důležité jasně rozumět tomu, kdo je Bůh (ten, jemuž je „dána veškerá moc"), a rozpoznat jeho povolání k tomu, do čeho se pouštíte.

Naučili jsme se, že když při zakládání sboru začne jít do tuhého, je to právě Boží povolání pro naše životy, které nás těmito situacemi provede. Když máte chuť to vzdát, když se v týmu náhle objeví konflikty, když vás lidé zklamou a nevidíte žádný růst, jedna věc stále trvá: Bůh vás povolal a jeho sliby pořád platí!

Boží povolání ve vašem životě by měli vidět i jiní lidé. Máte kolem sebe vedoucí, kteří rozpoznávají vaše povolání založit nový sbor? Jaký vztah s nimi máte – a nasloucháte jim?

Zakládání církevních společenství ve Skandinávii i Evropě dnes předpokládá dlouhodobý závazek: vybudování životaschopného společenství nebo sítě menších skupin si může vyžádat čtyři až sedm let. Může se to podařit i dřív, ale podle našich zkušeností to obvykle trvá po uvedenou dobu. Autoři M4 se shodují na tom, že zakládání sborů je jednou z nejúžasnějších věcí, které můžete dělat, ale víme také, že to může být obrovská výzva, která bude vyžadovat závazek a vytrvalost.

Je důležité, abyste jako tým zakládající nový sbor byli vykazatelní někomu, kdo stojí mimo vlastní proces. Může to být síť, organizace nebo církevní denominace. Mělo by být přirozené obracet se na vedení mateřské církve nebo si najít jiné důvěryhodné lidi, kteří budou schopni dlouhodobě sledovat, co tým dělá. Je důležité mobilizovat modlitební podporu ze strany mateřské církve či sboru, církevní sítě nebo dalších partnerů. Tyto vztahy jsou pro každého zakladatele sboru nebo tým nezbytné.

Vztah – to je pro zakládání sborů klíčové slovo. Máme-li vybudovat zdravý nový sbor, musíme začít budováním zdravých vztahů v základním týmu. V úvodu k části M1-3 Terje Dale píše o budování základního týmu toto:

„Společná práce v týmu může být úžasná věc – plná dynamiky, tvořivosti a radosti. Může to však také být neuvěřitelně vyčerpávající, když tým ovládnou rozvášněné debaty a nejasnosti ohledně směru. Žalm 133 popisuje tým, v němž je člověk rád a který přináší dobré ovoce, takto: ,Jaké dobro, jaké blaho tam, kde bratří bydlí svorně!'"

Investovat čas a úsilí do týmu tím, že skupině pomůžeme dobře navzájem spolupracovat, je jednou z nejdůležitějších věcí, které můžete během prvního roku zakládání sboru udělat. To, jak se tým naučí spolupracovat, bude formovat DNA, jež bude mít vliv na sbor v budoucnosti.

„Není-li žádného vidění, lid pustne."[26] Pro každý tým zakládající nový sbor je důležitá jasná vize. Když Bůh povolal proroka Abakuka, řekl: „Zapiš to vidění, zaznamenej je na tabulky, aby si je čtenář mohl snadno přečíst."[27] Pokud vedoucí nemají odvahu, aby vykreslili alternativní obrazy toho, jak by mohla vypadat budoucnost, skončíme tím, že budeme znovu opakovat to, co děláme už dnes.

[26] Přísloví 29,18

[27] Abakuk 2,2

[28] Lukáš 17,5-9
[29] Matouš 16,18

Zakládání sboru se neobejde bez sdílení vize, obrazu budoucnosti, který není tak úplně vidět. Buďte odvážní a hlásejte to, k čemu vás Bůh povolal, a jasně to základnímu týmu sdělte. Je důležité vyjasnit vizi a být jejím modelem – zvláště v raných stadiích procesu zakládání sboru. O tom píše Øystein Gjerme, když vypráví o svých zkušenostech ze zakládání sboru Salt Bergen Church.

Jako zakladatel sboru musíte pamatovat na to, že vaše vedení je založeno na vašem vztahu s Bohem, a Boha se učíte poznávat jen tím, že ho posloucháte. Víra roste a rozvíjí se prostřednictvím poslušnosti.[28] Již na začátku svého působení na poli zakládání sborů jsem se naučil, že to není o *mně*, ale o *něm* – o tom, jemuž je „dána veškerá moc na nebi i na zemi" a který říká „*zbuduji svou církev*".[29]

M1-1

Boží království a Boží moc – Øivind Augland

M1-1-1 Úvod

Když mi bylo 23, nabídli mi zaměstnání ve sboru Randesund Free Church, jež se nachází na východní straně jihonorského města Kristiansand. Jedním z mých hlavních úkolů bylo založit sbor ve čtvrti Hånes, která je pouhé tři kilometry od našeho mateřského sboru.

Moje žena Linda a já jsme se zrovna vzali a našli jsme si v Hånes bydlení. Povzbuzovali jsme lidi z mateřského sboru, aby se k nám připojili a stali se jádrem pro založení nového sboru. Zakrátko vznikla skupina 10 - 15 dospělých. Poté, co jsme zahájili práci, se nás často členové mateřského sboru ptali, jak se nám daří. Téměř vždy zazněly tyto dvě otázky: „Kolik vás už je?" a „Máte již nějaké plány na sborovou budovu?"

Měli jsme pocit, že musíme obhajovat právo na existenci tím, že nás musí přibývat, na čemž jsme opravdu tvrdě pracovali. Ovšem pokud jsme chtěli být „opravdovou" církví, museli jsme mít svůj vlastní kostel! Pamatujte, že mi bylo teprve něco přes dvacet a byl jsem krátce ženatý – a pak se nám narodily čtyři děti během šesti let. To vše bylo dost náročné samo o sobě. Ale k tomu všemu jsem nesl zodpovědnost za růst rodícího se společenství a dělal jsem si starosti s tím, že nejsme „plnoprávný" sbor, protože nemáme vlastní kostel nebo modlitebnu!

Jsem velice vděčný za rádce, které jsem v té době kolem sebe měl. Věřili ve mne a v povolání, jež mi Bůh dal. Modlili se za mne, podporovali a povzbuzovali mě a dokonce pro mne sháněli peníze. Pomáhali mi klást si správné otázky: Kdo je *opravdu* zodpovědný za tento sbor? Čí iniciativa to je a kdo dává růst? O těchto otázkách jsem hodně přemýšlel a dodnes je probírám s dalšími vedoucími a zakladateli sborů.

Při zakládání nového společenství je důležité soustředit se na správné věci. Ježíš říká: „Zbuduji svou církev." Zakládání sborů je Boží vůle – je to jeho iniciativa a Bůh se tohoto procesu účastní. Církev existuje pro něj a skrze něj. Musel jsem to slyšet od svých rádců a zjistil jsem, že i Ježíšovi učedníci museli slyšet totéž. Když od nich Ježíš odcházel, řekl: „Je mi dána veškerá moc na nebi i na zemi."

[30] Matouš 28,18

[31] Žalm 103,19 a násl.; Daniel 4; Zjevení 11,5-19

[32] Žalm 104,29

[33] Jób 34,14-15

[34] 2. Korintským 5,19

[35] Zjevení 11,5-19

[36] Římanům 1,5

[37] Římanům 15,17-19

Tady to vše začíná: u Boha, v jeho poslání, v tom, jemuž byla dána „veškerá moc na nebi i na zemi".

M1-1-2 Boží iniciativa

M1-1-2-1 Boží moc a autorita

Když Ježíš učedníkům říká: „Je mi dána veškerá moc na nebi i na zemi,"[30] znamená to, že Bůh je králem vesmíru s neomezenou mocí na věky věků.[31] Dějiny jsou celé *jeho příběhem*.

David v knize Žalmů říká: „Skryješ-li tvář, propadají děsu, odejmeš-li jejich ducha, hynou, v prach se navracejí."[32] Jób uznal Boží absolutní moc, když prohlásil: „Kdyby měl na mysli jenom sebe a svého ducha i dech k sobě zpět stáhl, tu by všechno tvorstvo rázem vyhynulo, člověk by se obrátil v prach."[33]

Bůh je svrchovaný a chopil se iniciativy, aby smířil celý svět se sebou.[34] Vysláním Ježíše do tohoto světa se přiblížilo Boží království. Bůh v dějinách jedná s určitým záměrem a cílem: přivést všechno na zemi pod svou vládu. Jeho vůle se na zemi uskuteční.[35] Když Pavel popisuje svou službu, říká: „Skrze něho jsme přijali milost apoštolského poslání, aby ke cti jeho jména uposlechly a uvěřily všecky národy."[36]

To je podstatou zakládání sborů: vést lidi k poslušnosti Kristu tak, aby jejich životy přinášely čest jeho jménu. Pavel to ve svém Listu Římanům shrnuje takto:

> *„To je má chlouba, kterou mám v Kristu Ježíši před Bohem. Neodvážil bych se totiž mluvit o něčem, co by nevykonal Kristus skrze mne, slovem i skutkem, v moci znamení a divů, v moci Ducha, aby pohané přijali evangelium. Tak jsem celý okruh od Jeruzaléma až po Illyrii naplnil Kristovým evangeliem."* [37]

Nikdy nesmíme zapomínat, že jsme povoláni k tomu, abychom vedli lidi k poslušnosti Bohu a jeho vůli. Abychom to mohli dělat, musíme chápat, kdo Bůh opravdu je. Moje zkušenost ukazuje, že my jako křesťanští vedoucí a zakladatelé sborů vedeme jiné na základě osobního zjevení a toho, jak rozumíme Bohu.

M1-1-2-2 Vládce králů země

[38] Zjevení 1,4-6

Je zajímavé podívat se na to, co píše apoštol Jan v knize Zjevení sedmi nově založeným církvím. Církve čelily různým problémům a obtížným situacím – některé vznikaly přímo v církvi, jiné vyvolával tlak zvenčí. Jan psal tato slova ve vyhnanství na ostrově Patmos. Byl posledním žijícím učedníkem. Většina ostatních učedníků pro svou víru zemřela a Jan sám prošel spoustou zkoušek a utrpení. Apoštol nejprve nové sbory zdraví a potom jim ukazuje, nač by se měly jako vůdčí sbory soustředit:

> „Milost vám a pokoj od toho, který jest a který byl a který přichází, i od sedmi duchů před jeho trůnem a od Ježíše Krista, věrného svědka, prvorozeného z mrtvých a vládce králů země. Jemu, jenž nás miluje a svou krví nás zprostil hříchů a učinil nás královským kněžstvem Boha, svého Otce – jemu sláva i moc navěky. Amen."[38]

I když byl Jan osamělý a prožíval samé těžkosti, nepodlehl sebelítosti. Měl k tomu spoustu příležitostí, ale znal Boha a věděl, kam se se svými zklamáními, zraněními a bolestí obrátit: k Ježíši.

Při zakládání sboru musíme chápat, *kdo* je Bůh. Oněch sedm církví z knihy Zjevení prožívalo vnější tlak, neporozumění a odmítnutí. Byly pronásledovány, protože se odmítaly podřídit římským úřadům. Potřebovaly slyšet a pochopit, že jejich Bůh je „Králem králů". Co jim mohli pozemští králové opravdu udělat? Nic jiného než je připravit o život. Vzpomeňte si, že On je „prvorozený z mrtvých". Smrt je poražena. „Ježíš Kristus je věrný svědek" toho, že je to pravda.

Jan ve své knize dále objasňuje, že Ježíš „nás miluje a svou krví nás zprostil hříchů" – právě tak nás vidí Bůh. Věřící v těchto sborech musí sami sebe vidět jako část „věčného království", které jednoho dne prostoupí celý tento Bohem stvořený svět. Jsou kněžími před Bohem a mají právo přicházet k němu se vším. Patří totiž tomu, komu náleží „sláva i moc navěky". Tak zní úvodní pozdrav - Jan začíná popisem toho, kdo je Bůh a kdo jsou věřící v něm. Teprve pak přistupuje k tomu, aby církve napomenul a řekl jim, jak mají žít.

[39] Matouš 16,18

[40] Jan 10,10

[41] Izaiáš 9,6 B21

[42] 2. Korintským 4,4

[43] Jan 10,10

[44] Jan 12,31; Efezským 3,1-13

M1-1-2-3 Zbuduji svou církev

Ten, kdo říká „... [já] zbuduji svou církev a brány pekel ji nepřemohou",[39] je svrchovaný a všemocný. Když mi bylo třiadvacet, vysvětlili mi význam tohoto verše takto:

[JÁ]: Bůh se ujímá iniciativy. Fandí zakládání nových společenství a sborů. On touží shromáždit lidi ze všech kmenů a jazyků. Chce vidět, jak se jeho království neustále šíří do nových měst a oblastí, do všech sociálních a etnických skupin v našich národech. Je to Bůh, kdo nás povolává a dává nám vše, co potřebujeme. Má všechno, co potřebujeme, abychom měli život a měli ho v plnosti.[40] Má vše, co potřebujeme pro úkol, který je před námi.

ZBUDUJI: Bůh se nejen chopil iniciativy, ale pečuje také o růst. Bohu záleží na růstu, chce budovat a přeje si, aby se církev rozvíjela a šířila. „Jeho vláda stále poroste a jeho pokoj bude bez konce."[41] Moje zkušenost ukazuje, že příčinou nedostatečného duchovního růstu v životě člověka je nedostatek osobní poslušnosti vůči Bohu. Bůh lidi miluje a touží po tom, aby všichni došli k poznání pravdy.

SVOU CÍRKEV: Je to Ježíšova církev. Není to *naše* církev ani *moje* církev, ale *jeho* církev. On je Pán a má právo mít ve své církvi rozhodující slovo: nemůžeme být lhostejní vůči tomu, jak ji budeme budovat a co s ní uděláme. Povolání a smysl církve jsou příliš důležité na to, aby o ní mohli rozhodovat jen lidé – musíme do rozhodnutí, která ohledně jeho církve uděláme, zapojit i Ježíše.

A BRÁNY PEKEL JI NEPŘEMOHOU: Zakládání sborů se má pojit s dobyvatelskou výpravou lásky, kdy přinášíme poselství o tom, že Bůh miluje všechny lidi. Brány nejsou určeny pro útok, ale k tomu, aby někteří zůstali uvnitř a jiní venku. Výraz „brány pekel" popisuje, co ten zlý dělá, aby „oslepil jejich nevěřící mysl, aby jim nevzešlo světlo evangelia slávy Kristovy, slávy toho, který je obrazem Božím".[42] Tomu zlému jde jen o to, „... aby kradl, zabíjel a ničil".[43] Máme za úkol dobýt a obsadit území nepřítele. Kníže tohoto světa je poražen.[44] Ježíš vyjadřuje to, co se stalo, takto:

Protože znal jejich myšlenky, řekl jim: „Každé království vnitřně rozdělené pustne a dům za domem padá. Je-li i satan v sobě rozdvojen, jak bude moci obstát jeho království? Říkáte přece, že vyháním démony ve jménu

Belzebula. Jestliže já vyháním démony ve jménu Belzebula, ve jménu koho je vyhánějí vaši žáci? Proto budou oni vašimi soudci. Jestliže však vyháním démony prstem Božím, pak už vás zastihlo Boží království. Střeží-li silný muž v plné zbroji svůj palác, jeho majetek je v bezpečí. Napadne-li ho však někdo silnější a přemůže ho, vezme mu všechnu jeho zbroj, na kterou spoléhal, a kořist rozdělí. Kdo není se mnou, je proti mně; a kdo se mnou neshromažďuje, rozptyluje."[45]

[45] Lukáš 11,17-23

[46] Žalm 127,1

[47] Efezským 6,13 a násl.

Je důležité, abyste jako zakladatelé sborů pochopili toto: Založení nového společenství v určité kultuře, etnické skupině nebo geografické oblasti je *vyhlášením války nepříteli*. Zakládání sborů nikdy nesmí být považováno za čistě lidskou činnost. Konáme duchovní práci: pracujeme a modlíme se, bojujeme v moci, kterou nám dává Bůh. Modlitba v rámci základního týmu je nezbytná. Modlete se za lidi, školy, instituce a za všechno, co se v dané oblasti děje. Přimlouvejte se za šíření Božího království. Vzpomínám si, že jsme během prvního roku zakládání sboru v Hånes často chodili na modlitební procházky po okolí – sami nebo společně s jinými lidmi. Modlili jsme se za Boží přítomnost v Hånes a za to, aby Bůh zamezil šíření drog na tomto místě. Přimlouvali jsme se za školy a rozhodli se, že budeme pracovat v místních radách a výborech. Každý dům a byt byl pokryt modlitbou. I lidé, kteří nebyli součástí týmu zakládání sboru, byli zapojeni do pravidelných modliteb za tuto práci.

Zakládání sboru znamená dát vše, co máte, s vědomím, že „nestaví-li dům Hospodin, nadarmo se namáhají stavitelé".[46] Zakládání sboru znamená mobilizovat lidi, kteří budou duchovními vítězi a dobyvateli při plném vědomí toho, že pokud nebudou bojovat v celé Boží zbroji, bude bitva prohraná ještě dříve, než vůbec začne.[47] Kdysi jsem slyšel kohosi povědět: „Svět kolem nás říká, abychom bojovali, zvítězili a pak si odpočali. Ale v Božím království je pořadí jiné: bojuj, odpočiň – a pak zvítězíš." To je paradoxní pravda. Bůh způsobuje růst, ale také se sám dobrovolně stal závislým na tom, že jeho království budou na zemi šířit jeho lidé.

M1-1-2-4 Cílem je Boží království – ne církev

Jako zakladatelé sborů musíme porozumět dvěma základním novozákonním pojmům: *církev*[48] a *Boží království*[49]. Slovo *církev* se objevuje převážně v Pavlových epištolách, zatímco výraz *Boží království* se nejčastěji vyskytuje v evangeliích. V literatuře věnované zakládání sborů dnes máme sklon zdůrazňovat texty z evangelií.[50]

Ježíš je naším vzorem. Jsme povoláni k tomu, abychom následovali Ježíše, a jestliže to děláme, vysílá nás a dává nám určité poslání. Když ho plníme, jsou lidé spaseni a my je pak jako učedníky učíme následovat Ježíše. Učedníci se pak shromažďují, a tak vznikají nové sbory.

JEŽÍŠ – POSLÁNÍ – SPASENÍ LIDÍ – VÝCHOVA UČEDNÍKŮ – CÍRKEV

Zakládání sborů začíná poslušností, posláním a učednictvím. Nejsme povoláni k tomu, abychom budovali Boží církev, ale abychom získávali učedníky a rozšiřovali Boží království. Když se to stane, pak si *Bůh* zbuduje svou církev. To může být jistou korekcí zúženého pohledu, v němž se cílem staly samotné církve či sbory, často definované jako programy, aktivity a budovy. V našem evropském kontextu jsou pak *církev* nebo *sbor* často definovány následujícím způsobem:

CÍRKEV = BUDOVA A KAZATEL + PENÍZE NA POKRYTÍ NÁKLADŮ NA BUDOVU A KAZATELE[51]

Věříme, že je nezbytné najít rovnováhu mezi uvažováním o Božím království a naším soustředěním se na sbor. Potřebujeme také rovnováhu mezi evangeliem a epištolami. Církev není jen organická jednotka – zakrátko se u ní začnou objevovat prvky organizace. Církev je jak dynamická, tak statická.[52] Na pozadí svých vlastních příběhů z oblasti zakládání sborů vidíme, že je zcela zásadní, aby růst od samého počátku vycházel z toho, že lidé docházejí ke spasení a stávají se z nich učedníci.

---

[48] Církev: Řecké slovo *ekklesia* se v Novém zákoně objevuje 114krát, nejčastěji v Pavlových epištolách (61krát). V evangeliích se toto slovo vyskytuje třikrát. Znamená „ti, kdo jsou vyvoleni" a překládá se jako *církev, kongregace, sbor, shromáždění* nebo *společenství*. Používá se třemi hlavními způsoby: 1) všeobecná církev: Matouš 16,18; Skutky 20,28; Efezským 1,22; 3,10; 3,21; 5,25-27; Koloským 1,18; 1,24; Zjevení 22,17 (celkem 20krát); 2) *shromáždění na každém místě* se objevuje 87krát: ve městě (Skutky 5,11; 8,1;13,1; 1. Korintským 1,2 a v úvodech dalších dopisů, v listech ve Zjevení 2-3) a v širší oblasti (Skutky 9,31); 3) *shromáždění v domech* se vyskytuje čtyřikrát (1. Korintským 16,15; Římanům 16,3-5; Koloským 4,15; Filemonovi 1,2).

[49] Boží království: řecké slovo *basileia* se v Novém zákoně vyskytuje 141krát, většinou v Matoušovi (41krát) a Lukášovi (39krát). V Pavlových listech se objevuje jen 13krát.

[50] Hirsch, Alan a Frost, Michael: *The Shaping of the Things to Come*. Edinburgh: Hendrickson Publishers, 2001. Frost, Michael: *Exiles: Living Missionally in a Post-Christian Culture*. Edinburgh: Hendrickson Publishers, 2006. Hirsch, Alan a Frost, Michael: *ReJesus: A Wild Messiah for a Missional Church*. Edinburgh: Hendrickson Publishers, 2009.

[51] Warren, Robert: *Being Human, Being Church*. London: Marshall Pickering, 1995.

[52] Schwartz, Christian a Logan, Robert E.: *Natural Church Development: A Guide to Eight Essential Qualities of Healthy Churches*. 1996.

Naším cílem je Boží království, ne sbor sám o sobě. Přesně to bylo Božím snem už od samotného počátku.

[53] Exodus 25,8-9

[54] Exodus 25,28

M1-1-3 Boží sen

Když jsme se s Lindou vzali, přestěhovali jsme se do oblasti, kde jsme zakládali sbor. Pronajali jsme si malý byt nad dvojitou garáží a zanedlouho jsme začali snít o vlastním domě a trvalém místě, kde budeme žít. Jsem si jist, že řada mladých párů sní o tom, že si pořídí vlastní domov, který si budou moci vyzdobit, zařídit a udělat z něj cokoli, co si budou přát, místo, kam se budou moci uchýlit, kde se budou moci ukrýt před světem, kde budou svými vlastními pány. Uvažovali jste o tom také někdy? My jsme takový sen každopádně měli.

Bůh má také sen – hlubokou touhu srdce, a to už od počátku věků. Je to sen, jehož naplnění jednoho dne uvidí. Jeho snem je vybudovat dům, který bude sloužit jako místo, v němž bude na zemi přebývat. Je to sen o vytvoření místa podle jeho vlastních plánů, kde bude Pánem domu a kde bude dělat, co si bude přát. Bude to domov, místo, kde bude přebývat a které naplní svými touhami a svou přítomností.

M1-1-3-1 Stan setkávání

Dějiny spásy jsou svědectvím o Božím snu a touze. Začalo to svatostánkem – „stanem setkávání". Když se Mojžíš po vyjití z Egypta setkal s Bohem na hoře, dostal tento úkol: „Ať mi udělají svatyni a já budu bydlet uprostřed nich. Uděláte všechno přesně podle toho, co ti ukazuji jako vzor svatého příbytku i vzor všech bohoslužebných předmětů."[53] Hospodin mu detailně popsal, jak mají Izraelci svatyni vybudovat. Bohu nebylo lhostejné, jak se věci budou dělat. Měl o tom vlastní představu. Chtěl vysvětlit, jak by měl jeho dům a příbytek vypadat.[54]

Když byl stan setkávání dokončen, měl Bůh místo, kde mohl přebývat mezi lidmi, které miloval. Čteme o tom, jak nad stanem setkávání spočinula Boží přítomnost . Bůh byl přítomen uprostřed svého lidu.

> *Mojžíš nemohl přistoupit ke stanu setkávání, neboť nad ním přebýval oblak a příbytek naplňovala Hospodinova sláva. Kdykoli se oblak z příbytku zvedl, vytáhli Izraelci ze všech svých stanovišť. Jestliže se oblak nezvedal, nevytáhli, dokud*

[55] Exodus 40,35-38

[56] Skutky 7,45-47

[57] 1. Královská 8,13

[58] 1. Královská 9,3

[59] Jan 1,14

[60] Žalm 85,10-11

se nezvedl. Hospodinův oblak býval ve dne nad příbytkem a v noci na něm planul oheň před očima celého domu izraelského na všech jejich stanovištích.[55]

Bůh vedl svůj lid prostřednictvím své blízkosti a přítomnosti v příbytku. Naděje a záchrana Izraele byla v tom, že Bůh byl přítomen ve svém příbytku. Ukazoval cestu. Později v dějinách spásy izraelský lid opět uvidí, jak Bůh naplnil svůj sen tím, že si vybudoval příbytek uprostřed svého lidu.

M1-1-3-2 Chrám

Když Petr vysvětluje, co se stalo v den letnic, mluví o budování chrámu: „Tento stánek odevzdali svým synům, a ti jej za Jozue vnesli do země pohanů, které Bůh před nimi zahnal. Tak tomu bylo až do časů Davidových. David nalezl u Boha milost a prosil, aby směl vyhledat místo, kde by přebýval Bůh Jákobův. Ale teprve Šalomoun vystavěl Bohu chrám."[56] V 1. Královské čteme modlitbu krále Šalomouna: „Vybudoval jsem ti sídlo, kde budeš přebývat, vznešené obydlí, po všechny věky."[57] A dozvídáme se, jak byl chrám naplněn Hospodinovým Duchem, přítomností a slávou. Bůh Šalomouna ujišťuje, že má z jeho práce radost. „Hospodin mu řekl: ,Vyslyšel jsem tvou modlitbu a tvou prosbu, s kterou ses na mne obrátil. Oddělil jsem jako svatý tento dům, který jsi vybudoval, a dal jsem tam spočinout svému jménu navěky. Mé oči i mé srdce tam budou po všechny dny.'"[58] Nyní měl Bůh opět místo, kde mohl přebývat uprostřed svého lidu, místo odpočinku. Ale izraelský lid vyhlížel dobu, kdy si Bůh vybuduje svůj příbytek *v* lidech a z lidí.

M1-1-3-3 Přebýval mezi námi

A ten den konečně přišel: Bůh se chopil iniciativy a poslal svého Syna Ježíše Krista na svět. „A Slovo se stalo tělem a přebývalo mezi námi. Spatřili jsme jeho slávu, slávu, jakou má od Otce jednorozený Syn, plný milosti a pravdy."[59] Tak se Boží sen opět splnil. Bůh přišel a vybudoval si svůj příbytek mezi lidmi – ne ve stanu setkávání nebo v chrámu, ale v osobě Ježíše Krista. Splnilo se slovo ze Žalmů: „Ano, jeho spása je blízko těm, kdo se ho bojí, v naší zemi bude přebývat sláva. Setkají se milosrdenství a věrnost, spravedlnost s pokojem si dají políbení."[60] Boží sláva se pro nás stala viditelnou skrze Ježíše Krista a je možné ji rozpoznat v milosti a pravdě.

M1-1-3-4 Příbytek Ducha Hospodinova

Bůh však měl ještě větší plán. Nechtěl přebývat jen v těle, v těle Ježíše Krista, ale chtěl si vytvořit nový příbytek – dům, který by však nebyl postaven z pevného kamene, ale z poddajných kamenů, živých kamenů. „My jsme přece chrám Boha živého. Jak řekl Bůh: ,Budu přebývat a procházet se mezi nimi, budu jejich Bohem a oni budou mým lidem.'"[61] To také Pavel učil církev v Efezu:

> „Nejste již tedy cizinci a přistěhovalci, máte právo Božího lidu a patříte k Boží rodině. Jste stavbou, jejímž základem jsou apoštolové a proroci a úhelným kamenem sám Kristus Ježíš. V něm je celá stavba pevně spojena a roste v chrám, posvěcený v Pánu; v něm jste i vy společně budováni v duchovní příbytek Boží."[62]

Bůh stále sní o tom, jak dát poznat svou přítomnost zde na zemi – ne ve stanu nebo chrámu, ale prostřednictvím lidí, které povolal a posvětil. Lidí, kteří mají jeden cíl: chválit ho a přinášet mu čest. Mají být lidmi, kteří jsou ochotni nechat Boha, aby z nich společně vybudoval svůj příbytek přesně tak, jak si to bude přát, kde by mohl spočinout a ukázat se celému světu – příbytek vybudovaný z lidí, kteří mu otevřeli svá srdce a dovolili mu, aby byl pánem nad svým dílem.

Povolání k zakládání sborů nesmíme nikdy snížit tím, že se jeho náplní stanou jen setkání, aktivity a programy. Zakládání sborů je v první řadě a především o naplnění Božího snu. Boží touhou je najít v každé vesnici, městě, kulturní a etnické skupině lid, skupinu jednotlivců, kteří budou ochotni stát se jeho příbytkem. Bůh touží po lidu, jehož prostřednictvím bude moci realizovat svou vůli a který bude světlem a solí ve světě, v němž vládne temnota a rozklad. To je důvodem, proč bychom se měli spíše ptát, *jak* můžeme budovat, než *co* můžeme budovat. Na tom, jak budeme budovat Boží dům, záleží. Efezským 3 až 6 vysvětluje, jak by měl život v Božím domě vypadat:

„Proto vás ... prosím, abyste tomu povolání, kterého se vám dostalo, dělali čest svým životem, vždy skromní, tiší a trpěliví. Snášejte se navzájem v lásce a usilovně hleďte zachovat jednotu Ducha, spojeni svazkem pokoje." (4,1-3) „Proto zanechte lži a ,mluvte pravdu každý se svým bližním', vždyť jste údy téhož těla." (4,25) Patří sem i způsob, jak spolu mluvíme: „Z vašich úst ať nevyjde ani jedno špatné slovo, ale vždy jen dobré, které by pomohlo, kde je třeba, a tak posluchačům přineslo milost." (4,29) Je potřeba si také odpouštět: „... buďte

[61] 2. Korintským 6,16

[62] Efezským 2,19-22

k sobě navzájem laskaví, milosrdní, odpouštějte si navzájem, jako i Bůh v Kristu odpustil vám." (4,32) Musíme žít „v lásce, tak jako Kristus miloval nás a sám sebe dal za nás jako dar". (5,2) Ve všech věcech „máme mluvit pravdu v lásce". (4,15 B21)

Tyto verše prakticky vyjadřují, jak je možné vidět Kristovu slávu prostřednictvím lidí, kteří žijí v „milosti a pravdě"[63], a skrze jejich společenství. Zakládat sbory znamená realizovat Boží sen o tom, že na každém místě, v každé kultuře a etnické skupině budou lidé, kteří touží žít podle toho, co Bůh říká. Když lidé uvidí, jak se věřící navzájem milují, řada z nich uvěří a stane se učedníky.[64]

Moc Božího slova je viditelná, když ho lidé přijímají a dovolují, aby ovlivňovalo jejich život. Zvláště jasně to uvidíme, budeme-li číst knihu Skutků.

M1-1-4   Boží církev

M1-1-4-1   Církev v knize Skutků

V knize Skutků Lukáš shrnuje, jak postupovalo zakládání sborů během tří stadií růstu. Popisuje, co se stalo v Jeruzalémě, jeho blízkém okolí i ve vzdálených městech jako Antiochie a Efez. Pro všechna tři místa je charakteristický růst, který začíná v centru města a vede k multiplikaci nových sborů a společenství v okolí. Začalo to v Jeruzalémě obdobím růstu v rámci židovské komunity.[65] První křesťané byli obviňováni, že „tím svým učením naplnili celý Jeruzalém" (5,28). Po nějaké době „vypuklo" velké probuzení v Samaří.[66] Petr pak měl vidění, které ho vedlo do Korneliova domu, kde pokřtil Kornélia i celou jeho domácnost.[67] Evangelium se potom šířilo do metropole Antiochie, která se stala novým centrem misie.[68] Pavel a Barnabáš byli vysláni Duchem svatým. Čteme, že „se církve upevňovaly ve víře a počet bratří rostl každým dnem".[69] Následně byly založeny sbory ve městech Salamis,[70] Páfos,[71] Perge,[72] Pisidská Antiochie,[73] Ikonium,[74] Lystra,[75] Derbe[76] a Attalie.[77] Všude, kde se shromáždili věřící, vznikly sbory a církve. Pavel a Barnabáš „v každé té církvi ustanovili starší a v modlitbách a postech svěřili učedníky Pánu, v kterého uvěřili".[78] Hnutí se rozšířilo do Filip[79] a Tesaloniky.[80] Pavel v Tesalonice strávil jen několik týdnů, ale díky jeho kázání a praktickému dokazování evangelia tam byl založen nový sbor. Při této příležitosti Pavel říká: „Tolik jsme po vás toužili, že jsme vám chtěli odevzdat nejen evangelium Boží, ale i svůj život."[81] Církve vznikly v Beroji,[82] Aténách[83] a Korintu.[84] Krátce nato byla církev založena i v Efezu[85] a vznikla nová základna pro misii v Evropě a Asii.

To, co vidíme v knize Skutků, je přirozené šíření evangelia. Lukáš tato tři stadia shrnuje a popisuje následujícími slovy:

JERUZALÉM: „Slovo Boží se šířilo a počet učedníků v Jeruzalémě velmi rostl. Také mnoho kněží přijalo víru."[86]

ANTIOCHIE: „Ale slovo Páně se šířit nepřestalo."[87]

EFEZ: „A tak mocí Páně rostlo a rozmáhalo se jeho slovo."[88]

Steve Timmis a Tim Chester v knize *Total Church* (Kompletní církev) mluví o tom, co to znamená být „zaměřený na evangelium"[89], a přesně to vidíme v knize Skutků. To, co se šíří, je evangelium o Božím království. Evangelium se bude šířit, když se bude Boží slovo dotýkat lidí a počet učedníků poroste. Totéž, co se odehrálo v knize Skutků, se dnes děje na všech pěti kontinentech. Evropa je světadílem, který je viditelným šířením Božího království zasažen nejméně. Podíváme-li se však pozorněji, uvidíme, že i zde se začíná blýskat na lepší časy. Bůh v Evropě dělá něco nového.

M1-1-4-2 Zakládání sborů dnes – něco se děje

I když evangelikální církve na většině míst Evropy stále prožívají stagnaci, vidíme mnoho náznaků ukazujících na změnu. V Německu církev German Covenant Church (Německá církev smlouvy) zakládá každý měsíc jeden nový sbor a jejím cílem je do roku 2015 založit sto nových sborů.[90] Luterská církev v německém Wurttembergu aktivně pracuje s místní mládeží. Na jejich setkání chodí tisíce mladých lidí a připravují vedoucí, kteří budou zakládat nová společenství.[91] Ve Francii se vedoucí ze všech denominací a organizací setkávají nad strategií pro vznik stovek nových sborů a podařilo se jim již založit regionální centra pro školení zakladatelů sborů.[92] V Anglii každý rok vznikají stovky sborů a většina církví a církevních sítí má jasnou strategii pro zakládání sborů.[93] Totéž se děje v Holandsku a Portugalsku: v posledních pěti letech vzniklo prostřednictvím Evropské sítě pro zakládání sborů několik stovek sborů a společenství.[94] Největší trend, který v současnosti v Evropě vidíme, jsou sbory z řad emigrantů. Každý měsíc jsou jich v Evropě založeny stovky.

---

[84] 18,1-11

[85] 19,1 a násl.

[86] Skutky 6,7

[87] Skutky 12,24

[88] Skutky 19,20

[89] Timmis, Steve a Chester, Tim: *Total Church, a radical reshaping around gospel and community*. Wheaton, Ill: Crossway Books, 2008.

[90] Schindler, Dietrich: www.feg.de.

[91] Crebs, Reinhold: www.jugonet.de; www.churchnight.de.

[92] Anzenberger, Raphael: 1pour10000.fr

[93] Robinson, Martin: Together in Mission; bit.ly/timiss

[94] Dyhr, Peter: www.ecpn.com.

[95] Greg, Pete a Blackwell, David: *24-7 Prayer Manual*. 2008 (3. vyd.).

[96] 1. Korintským 9,22

M1-1-4-3 Poslušnost – velká výzva

Situace, v níž se nacházíme, je složitější a náročnější než kdy dříve. Liší se kultura měst a venkova, dokonce i jednotlivých měst nebo obcí. Všude – od Hamburgu po Prahu, od Lotyšska po Portugalsko, od Norska po Itálii – vidíme obrovské rozdíly mezi kulturami a národy. Kdysi jsem mluvil s jedním zakladatelem sboru a zeptal jsem se ho, kde se zakládání sborů učil. Odpověděl prostě: „Nic moc jsem se vlastně ani neučil. Snažil jsem se prostě řídit Ježíšovými pokyny a být mu poslušný. A zatím to funguje." Věřím, že ze zkušeností jiných lidí se můžeme hodně naučit – a musíme se od nich učit. Ovšem to, co pro nás v nadcházející době bude nejdůležitější, je být poslušní tomu, kdo je Pánem a Spasitelem:

„A tato vize se uskuteční; uskuteční se snadno; uskuteční se brzy. Jak to vím? Protože to je touha samotného stvoření, sténání Ducha, Boží nejvlastnější sen. Můj zítřek je jeho dnešek. Moje vzdálená naděje je pro něj na dosah ruky. A moje chabá, šeptem pronášená modlitba bez víry vyvolává hromové, zvučné a kostmi otřásající obrovské 'Amen!' od nespočetných andělů, od hrdiny víry, samotného Krista. On je tím, kdo tento sen snil jako první a kdo je konečným vítězem."[95] Mějte odvahu snít spolu s tím, kdo tak miloval svět, že za něj položil svůj život. Jsem přesvědčen, že uvidíme, jak se objevuje mnoho nových a živých společenství, která se odváží překročit všechny hranice, budou zkoušet nové formy a projevy, jak být církví, a budou připravena dělat cokoli jako Pavel: „Všem jsem se stal vším, abych získal aspoň některé."[96]

M1-2

Zakladatel sboru – Øivind Augland

M1-2-1 Úvod

Když jsme zakládali náš první sbor, cítil jsem se velice mladý. Bylo to ve čtvrti Hånes v norském městě Kristiansand. Většina členů týmu byla starší než já. Měli jsme povolání k tomu, abychom založili sbor, ale neměli jsme moc zkušeností. Přestože jsem byl mladý a nepovažoval jsem se za silného vedoucího, všiml jsem si, že mé myšlenky, slova a názory pro ostatní lidi v týmu hodně znamenají. Sdíleli jsme stejnou vizi nového sboru, ale pořád bylo na mně, abych tuto vizi nesl. Ve vedení byla řada lidí, ale když bylo potřeba o něčem rozhodnout, obraceli se na mne.

V první fázi zakládání sboru bude klíčová právě role zakladatele sboru a nositele vize. Toto stadium si vyžaduje, abyste se chopili iniciativy a dali celému procesu jasný směr.[97] To neznamená, že vedoucí na sebe musí brát veškerou iniciativu, ale musí *vést*. Následující výrok ilustruje, jak vidím svou zodpovědnost křesťanského vedoucího: „Uvědomovat si, co Bůh dělá v těle církve, a dát tomu směr." Jako vedoucí jsem musel udávat směr, protože jsme nemohli realizovat všechno, co chtěli dělat jednotliví členové týmu. Neměli bychom se pouštět do všeho, co nás napadne. Vedoucí musí mít dost odvahy na to, aby řekl ano nebo ne. Musíme pamatovat na povolání a to, kam chceme jít: Jaký druh církve či sboru máme být? Co je naší vizí? Jaký je náš model? Koho máme podle svého povolání oslovit?

Zjistil jsem také, že je důležité, jakým způsobem žiji. Moje rodina a já jsme vlastně vytvářeli kulturu pro nové společenství. Kultura nového společenství nevzniká náhodně. Je formována tím, jak žije společně základní tým, jádro nového sboru. Jako vedoucí musím mít odvahu vést i v těchto věcech. Když se ohlížím zpět, vidím, že řada z hodnot, které jsme s Lindou měli v počátcích zakládání sboru, je součástí tohoto sboru dodnes: otevřenost, štědrost, pohostinnost a flexibilita. Aniž jsme si to tehdy uvědomovali, ovlivnili jsme kulturu a život, jimiž se dnes tento sbor vyznačuje.

To ilustruje, jak je důležité, abyste se jako vedoucí rozhodli žít v otevřených a vykazatelných vztazích s jinými. Pokud má život vedoucího tak velký dopad na sbor, můžeme očekávat, že na sbor budou mít vliv i negativní vlastnosti vedoucího. K tomu dochází, když nežijeme v otevřených a vzájemně vykazatelných vztazích

[97] Hopkins, Bob a Mary: *Church Planting Coaching Manual*. Sheffield: Anglican Church Planting Initiative, 2003.

[98] Jenssen, Jan Inge: *Does the degree of redundancy in social networks influence the success of business start-ups?* 2002.

s druhými lidmi. Kdysi za mnou přišel jeden starší kolega vedoucí a zeptal se mě: „Opravdu jsi prožil plnou hloubku Boží milosti?" Přemýšlel jsem, co tím míní. Začal rozebírat mé kázání, které mu připadalo trochu náročné a zákonické. To vedlo k otevřené a upřímné diskusi mezi vedoucími o této otázce – dostal jsem z jejich strany zpětnou vazbu a rady, které byly zásadní pro můj další život.

Povolání má jak *vnitřní*, tak *vnější* rozměr. Vnitřní povolání je přesvědčení, které člověk slyšel či obdržel od Boha. Vnější povolání spočívá v tom, že toto vnitřní povolání rozpoznají jiní lidé. Když Jan Inge Jenssen psal na University of Agder v Kristiansandu doktorskou práci, požádal mě, abych udělal interview s téměř 120 zakladateli sborů v Norsku.[98] Mluvil jsem s každým z nich asi hodinu nebo dvě. Během těchto rozhovorů jsem snadno rozpoznal ty, kteří byli motivováni jasným povoláním, a ty, kdo o své vlastní práci a důvodech, proč ji dělají, pochybovali. Když jsem s nimi mluvil, uvědomil jsem si, jak je důležité, aby vedoucí a pastoři potvrdili povolání, které zakladatel sboru ve svém životě vnímá.

Zakládání sborů v Evropě je dlouhodobý projekt. Když jsme zakládali sbor v Hånes, požádal jsem členy základního týmu, aby se zavázali, že se budou této práci věnovat alespoň tři roky. Teď vidím, že je to jedním z hlavních důvodů, proč jsme uspěli. Dalo nám to předvídatelnost, pokoj a jasné vidění, takže jsme byli schopni budovat společně. Naše zkušenost ve Skandinávii říká, že vybudování zdravého sboru normálně trvá asi tak čtyři až sedm let. V tom, jak dlouho to bude trvat, však mezi jednotlivými sbory existují individuální rozdíly. Záleží též na tom, zda se práce odehrává v městském nebo venkovském prostředí.

K těmto tématům se vyjádřím dále. Je důležité, abyste se nad nimi zamysleli a zabývali se všemi otázkami, které to ve vás může vyvolat.

Uvádím rovněž seznam „možných vlastností zakladatele sboru". Může být východiskem pro modlitbu a osobní zamyšlení. Dá se použít jako nástroj pro zhodnocení Božího povolání k zakládání sborů, jež vám Bůh dal. Lze ho také využít v týmu jako základ pro diskusi o povolání a dovednostech, které jsou v rámci týmu pro založení nového společenství zapotřebí.

M1-2-2 Poslání a Boží povolání

(Boží) povolání je výraz, s nímž jsme se v posledních letech moc často nesetkávali, ale nyní se objevuje v rámci církevního kontextu i mimo něj. Je to „Boží volání nebo silné vnitřní nutkání k určitému konkrétnímu směru jednání".[99] Požadavky, změny a příležitosti, které nás v každodenním životě obklopují, nás nutí si uvědomovat, jak využíváme své zdroje, dovednosti, talent a čas. Musím si více ujasnit, k čemu chci využít svůj život. Musím převzít kontrolu nad svým životem, jinak mne začnou ovládat požadavky světa.[100] V době, kdy se množství poznání, které máme k dispozici, co tři nebo čtyři roky zdvojnásobuje, jsme neustále nuceni reagovat na nové podněty. John Whitmore tuto situaci popisuje těmito slovy:

> *„Když se většina z toho, co víme, neustále mění, musíme přijmout zodpovědnost za vlastní život jak fyzicky, tak duševně, abychom přežili. Musíme se postarat sami o sebe, protože ve světě, kde se všichni musí vypořádávat se změnou, to za nás nikdo jiný neudělá."*[101]

Musíme přijmout zodpovědnost za to, abychom svůj vlastní život, nadání a dovednosti formovali smysluplným způsobem, a tak sloužili Božímu království a lidem kolem sebe tím nejlepším možným způsobem.

Aby lidé dokázali mít kontrolu nad vlastním životem ve světě, v němž neustále narůstá počet změn a možností, musí se stát vykazatelnými za hodnoty, které zastávají, a povolání, jež mají ohledně svého života. Jako zakladatelé sborů a vedoucí uděláte dobře, když se zamyslíte nad následujícími otázkami.[102]

Ohodnoťte sami sebe pomocí následující škály. 1 znamená, že dané tvrzení o vás neplatí nebo se nehodí do vaší situace, 5 znamená, že dokonale popisuje vaši situaci.

○ ○ ○ ○ ○   Vím, kdo a co pomáhalo formovat můj život.
1   2   3   4   5

○ ○ ○ ○ ○   Zhodnotil jsem a zpracoval různé etapy svého života.
1   2   3   4   5

---

[99] http://www.merriam-webster.com/dictionary/call. Navštíveno 4. 9. 2012. Výrazy *Boží povolání* a *povolání* jsou si podobná, ačkoli *Boží povolání* v sobě nese větší odkaz na božský původ nebo iniciativu, zatímco *povolání* obecně pojaté více souvisí s pracovní kariérou nebo životní prací, která je reakcí na Boží volání (viz tamtéž, *povolání*). V této knize používáme tato slova dle specifického kontextu. (V češtině je někdy těžší tento rozdíl zachytit. – pozn. př.)

[100] Donders, Paul Ch.: *Kreativ Livsplanlegging – Oppdag ditt kall! Se dine muligheter - både i yrkesliv og privatliv.* Kristiansand: Sidevedside forlag, 2008.

[101] Whitmore, John: *Coaching for Performance.* San Diego: Pfeiffer, 2002.

[102] Donders, Paul a Jaap, Ketelaar: *Value Centred Leadership in Church and Organisations.* Argyll: Xpand 2011. (Celý profil vedoucího je možné objednat online na xpand.eu.)

○ ○ ○ ○ ○   Přijal jsem příběh svého života a převzal zodpovědnost za směrování
1 2 3 4 5   svého života.

○ ○ ○ ○ ○   Znám sny a touhy svého srdce.
1 2 3 4 5

○ ○ ○ ○ ○   Jsem rozhodnut implementovat to, k čemu jsem povolán, do života.
1 2 3 4 5

○ ○ ○ ○ ○   Vím, proč mi Bůh dal dary a nadání, které mám.
1 2 3 4 5

○ ○ ○ ○ ○   Znám své dary a nadání a snažím se je naplno používat.
1 2 3 4 5

[103] Jan 18,37

[104] Matouš 26,39

[105] Malm, Magnus: *Vägvisere, en bok om kristent lederskap.* Uppsala: EFS forlag, 1990.

[106] 1. Korintským 1,9

Zdravé sebevědomí a pochopení toho, kým jste a k čemu jste povoláni, jsou důležité, když máte vést jiné při zakládání nového společenství. Ježíš zcela jasně formuloval Boží povolání pro svůj život v rozhovoru s Pilátem Pontským:

Pilát mu řekl: „Jsi tedy přece král?" Ježíš odpověděl: „Ty sám říkáš, že jsem král. Já jsem se proto narodil a proto jsem přišel na svět, abych vydal svědectví pravdě. Každý, kdo je z pravdy, slyší můj hlas."[103]

Ježíš měl ohledně Božího povolání ve svém životě stoprocentní jistotu a byl připraven držet se jej až do konce, i když ho to mělo stát všechno: „Poodešel od nich, padl tváří k zemi a modlil se: ,Otče můj, je-li možné, ať mne mine tento kalich; avšak ne jak já chci, ale jak ty chceš.'"[104] Pavel a Petr si byli zcela jisti Božím povoláním ve svých životech, které dostali, když se setkali s živým Ježíšem Kristem.

Když jsem četl knihu Magnuse Malma *Vägvisere, en bok om kristent lederskap* (Lidé, kteří razí cestu – kniha o křesťanském vedení), byl jsem ještě velmi mladý.[105] Tato kniha se pro mne stala velice důležitou. Malm píše, že naším hlavním povoláním je žít ve vztahu s Ježíšem Kristem. „Věrný je Bůh, který vás povolal do společenství se svým Synem, naším Pánem Ježíšem Kristem."[106] Především jsme povoláni k němu a po setkání s ním jsme vysláni do služby. To je bod, který jsme se snažili zdůraznit v této první kapitole: vedeme na základě zjevení Božího charakteru a svého vztahu s ním. Z tohoto vztahu jsme vysláni do služby, ale co když vaše služba skomírá a nový sbor se nedaří založit? Vaše původní povolání, kterým je žít ve vztahu s Bohem a hledat jeho tvář, stále platí.

Jsem přesvědčen, že když mluvíme o povolání a zakládání sborů, musíte vy jako vedoucí vědět, že vás k této práci přivedl Bůh. Jestliže se při procesu zakládání vyskytnou problémy a obtíže, právě Boží povolání k této službě vás jimi provede. Když budete mít chuť to vzdát, když se v týmu objeví konflikty, když vás lidé zklamou a uvidíte jen velice malý růst, pak vám zbývá jen jedna věc: Bůh vás povolal a jeho sliby stále platí.

Když mluvím s lidmi, kteří pracují na zakládání sborů, zjišťuji, že se může Boží povolání u různých lidí značně lišit. Někteří lidé chtějí být jen součástí týmu, aby pomohli těm, kdo jsou Bohem povoláni jako nositelé vize. Chtějí sloužit jiným svými talenty a tímto způsobem vyjádřit hluboký zájem o vizi, která leží na srdci i jim. Mohou také vidět nové společenství jako skvělé místo, kam pozvat své nevěřící přátele. Další mají jasné, nezávislé povolání k práci v konkrétním týmu. To vše jsou oprávněné důvody pro založení sboru. Skutečnost, že motivy a důvody pro zakládání sborů se u jednotlivých lidí liší, ještě více zdůrazňuje nutnost, aby vedoucí měl jasné Boží povolání a dlouhodobý závazek k práci, kterou se chystá začít.

Když jsme si koupili dům v Hånes, vyslal jsem tím jako vedoucí jasný signál ohledně Božího povolání[107] a dlouhodobého závazku k zakládání sboru, jemuž jsme se v oné oblasti věnovali. Pro lidi, kteří byli do této práce v raných stadiích zapojeni, to bylo důležité – umožnilo jim to začít brát tuto práci ještě vážněji.

V našich sítích zakládání sborů často mluvíme o tom, že člověk má jak *vnitřní*, tak *vnější* Boží povolání. *Vnější povolání* znamená rozpoznání a potvrzení tohoto povolání a darů dalšími lidmi. Jsem přesvědčen, že toto potvrzení okolím je nutné. Setkal jsem se s lidmi se silným povoláním pro svůj život, kterým se ale ze strany vedoucích v jejich okolí dostalo jen malé či vůbec žádné podpory a pomoci – nebo neměli nikoho, kdo by rozpoznal, že jsou připraveni se podílet na zakládání sboru nebo že byli pro zakládání sborů obdarováni. Za těchto okolností je důležité se zastavit, zamyslet a položit si několik otázek. Dále uvádím, proč je důležité být během procesu zakládání sboru někomu vykazatelný. Začíná to ochotou přemýšlet o svém povolání s někým, komu důvěřujete – s někým, komu jste ochotni naslouchat a nechat si od něj poradit.

[107] Viz poznámka k používání slov *Boží povolání* a *povolání* výše.

[108] *Příprava, obdarování:* (podstatné jméno) akt přípravy (jako při přípravě zbraní pro válku). V křesťanském kontextu se tyto pojmy vztahují k darům, schopnostem, talentům, dovednostem a zkušenostem, které Bůh dal jednotlivci k tomu, aby dosáhl Božího povolání nebo úkolu, jež tomuto jednotlivci dal. Viz thefreedictionary. comequipping (navštíveno 4. 9. 2012).

[109] Jacobsen. S. Leif: *The leadership factor in church planting projects in Norway from 1990 to 2000.* Virginia Beach: Regent University, 2005.

[110] Tamtéž, s 132.

[111] Malphurs, Aubrey: *Planting Growing Churches for the 21st Century: A Comprehensive Guide for New Churches and Those Desiring Renewal,* 2. vyd. Grand Rapids, MI, Baker Books, 1998. A *Advanced Strategic Planning: A New Model for Church and Ministry Leaders.* Grand Rapids, MI, Baker Books, 1999.

[112] Rosentet, Peter a Walker, Philip: *Church planting manual 2007 a Empowering Church planters tutorial.* Coachping, 2007.

[113] Schnabel, Dietrich: *Church Planting Multiplication in the Evangelical Free Church of Germany* (Pozadavky k předmětu DMIN, asssemby of Fordu, 2010).

Na druhou stranu jsem si také při různých příležitostech všiml vedoucích denominací a křesťanských organizací, kteří bránili v práci mladým lidem se zjevným Božím povoláním i obdarováním pro zakládání sborů. Může to být důsledkem jejich vlastních obav nebo špatných či nedostatečných zkušeností se zakládáním sborů. Nezahojená zranění a zklamání z vedoucích osobností církve se mohou stát velkou překážkou pro cokoli nového a nápaditého. Zdá se, že tito vedoucí „všechno chápou" a „dokážou všechno vysvětlit", ale chybí jim vášeň a vize, které jsou zapotřebí k tomu, aby lidé kolem nich mohli být uvolněni do průkopnické práce.

M1-2-3 Obdarování, příprava a osobnost

M1-2-3-1 Obdarování, příprava[108] a osobnost

Ne každého z nás Bůh povolá k tomu, aby zakládal sbor, ale mnozí z nás se mohou stát součástí zakládajícího týmu. Tím chceme říct, že ne všichni mají obdarování k tomu, aby *byli vedoucími* nebo *nesli vizi* práce na zakládání sboru. Zároveň jsme přesvědčeni, že zakládání sboru je týmová práce, která dává možnost zapojit se mnoha různým druhům lidí. Metodistický kazatel Leif Jacobsen napsal svou doktorskou práci na téma vedení v kontextu zakládání sboru.[109] Poté, co si prostudoval padesát služeb, které se věnují zakládání sborů ve více než deseti denominacích, dospěl k tomuto závěru: „Pro nový sbor je důležitým kritériem úspěchu vyškolené, strukturované a dobře fungující vedení. Je také doloženo, že vedoucí s určitým typem osobnosti jsou lepšími zakladateli sborů než jiní."[110]

Literatura věnovaná zakládání sborů bere osobnost a přípravu zakladatele sboru vážně.[111] Adventisté vypracovali svůj vlastní manuál pro zakládání sborů v Evropě, který používají pro školení a výběr zakládajících týmů.[112] Německá církev smlouvy (German Covenant Church) věnuje v procesu zakládání nového sboru velkou pozornost výběru samotných zakladatelů sborů.[113] Mnoho denominací a organizací při výběru nových vedoucích a jejich přípravě pro službu používá různé nástroje. Jsme přesvědčeni, že je na místě prověřit své povolání tím, že se zamyslíte nad svými dary, osobností a průpravou. Při tomto procesu promýšlení povolání může být užitečné udělat si osobnostní profil DISC od Persologu nebo použít test Myers-Briggs Type Indicator (MBTI).

M1-2-3-2 Vaše povolání, obdarování a průprava

Následující jednoduché otázky vám mohou pomoci zamyslet se nad vaším povoláním a obdarováním. Tyto otázky pocházejí z brožury Steva Addisona *How to know if you should plant a church* (Jak poznat, jestli byste měl zakládat sbor).[114] Dotazník uvedený níže byl mírně upraven. Ohodnoťte prosím sami sebe v jednotlivých kategoriích. Vycházejte přitom ze svých zkušeností ve službě. Zapisujte si zároveň konkrétní příklady svého jednání, kterými byste své hodnocení doložili. Toto ohodnocení můžete použít v diskusi s týmem nebo někým, kdo je vám blízký (mentor, kouč, pastor atd.). Požádejte je, aby s vámi prošli vaše výsledky a poskytli vám zpětnou vazbu.

[114] Addison, Steve: *How to know if you should plant a church.* Church Resource Ministries Australia, 1993.

1: Nikdy 2: Zřídka 3: Někdy 4: Často 5: Vždy

○ ○ ○ ○ ○
1 2 3 4 5   **Schopnost vytvářet vizi:** Mám schopnost jasně vidět, jakým směrem chce Bůh vést mou práci, a dokážu vést jiné lidi stejným směrem. Uveďte konkrétní příklady.

○ ○ ○ ○ ○
1 2 3 4 5   **Vnitřní motivace:** Mám schopnost dobře implementovat a dokončovat úkoly bez ohledu na finanční omezení, těžkou práci a investici v podobě mého času – aniž by na mne museli jiní důsledně dohlížet. Uveďte konkrétní příklady.

○ ○ ○ ○ ○
1 2 3 4 5   **Přijetí služby za vlastní:** Dovedu inspirovat spolupracovníky, abychom dokončili práci, kterou společně děláme, a usilovali o společné cíle. Uveďte konkrétní příklady.

○ ○ ○ ○ ○
1 2 3 4 5   **Schopnost mít vztahy s lidmi mimo církev:** Mám schopnost vytvářet dobré vztahy s lidmi mimo církev a sdělovat jim evangelium způsobem, kterému budou rozumět. Uveďte konkrétní příklady.

○ ○ ○ ○ ○
1 2 3 4 5   **Jednota mezi manželskými partnery (pokud je to relevantní):** Můj manželský partner nebo snoubenec/snoubenka chápe, přijímá a podporuje můj závazek založit nový sbor a chce za mnou při této práci stát. Uveďte konkrétní příklady.

○ ○ ○ ○ ○
1 2 3 4 5   **Schopnost vytvářet vztahy:** Umím vytvářet dobré vztahy s jinými lidmi a citlivě vnímám jejich potřeby. Uveďte konkrétní příklady.

○ ○ ○ ○ ○ **Růst v církvi:** Jsem hluboce oddaný svému sboru a toužím vidět, jak Boží
1 2 3 4 5 království a církev početně rostou. Uveďte konkrétní příklady.

○ ○ ○ ○ ○ **Porozumění kontextu a kultuře:** Jsem citlivý vůči kultuře, v níž chceme založit
1 2 3 4 5 sbor, a chápu potřeby lidí, které chceme oslovit evangeliem. Mám schopnost
vytvářet služby, jež naplní jejich potřeby. Uveďte konkrétní příklady.

○ ○ ○ ○ ○ **Rozvíjení darů a služby u jiných lidí, motivace k jejich používání:** Projevila se
1 2 3 4 5 u mě schopnost shromažďovat, připravovat, koučovat a podporovat jiné při
rozpoznávání a používání jejich darů a služby. Uveďte konkrétní příklady.

○ ○ ○ ○ ○ **Flexibilita a přizpůsobivost:** Umím se přizpůsobit náhlým změnám
1 2 3 4 5 a nepředvídaným událostem a využít je ke svému prospěchu. Uveďte konkrétní
příklady.

○ ○ ○ ○ ○ **Budování soudržného týmu/skupiny:** Dovedu získávat jednotlivce do
1 2 3 4 5 smysluplné týmové služby, kterou budou brát vážně. Jsem schopen jim
pomoci vyřešit konflikty, když k nim dojde. Uveďte konkrétní příklady.

○ ○ ○ ○ ○ **Vytrvalost:** Dokážu přijmout neúspěchy, zklamání a porážky, aniž bych se vzdal
1 2 3 4 5 nebo stáhl. Uveďte konkrétní příklady.

○ ○ ○ ○ ○ **Víra:** Jsem přesvědčen, že mě Bůh povolává, abych založil nový sbor, a že mi
1 2 3 4 5 poskytne všechno, co k dokončení tohoto úkolu potřebuji. Uveďte konkrétní
příklady.

[115] Murray, Stuart a Wilkinson-Heysová, Anne: *Hope from the Margins - New Ways of Being Church.* Cambridge, UK: Grove Books, 2000 (s. 4-5).

M1-2-4 Jaký sbor jste povoláni založit?

M1-2-4-1 Různé modely zakládání sborů

Řada nových sborů založených v Evropě během 70., 80. a 90. let byly „klony" toho, co již existovalo.[115] Zakládání sborů se dnes naštěstí projevuje jinými způsoby. V budoucnosti uvidíme ještě větší rozmanitost modelů a metod zakládání sborů.

I když M4 nepředstavuje konkrétní model pro zakládání sborů nebo nějaký specifický způsob, jak to dělat, nechceme tím říct, že systematický přístup k vaší práci je k ničemu. Jsme přesvědčeni, že je důležité zvolit si model, kterým se budete řídit, abyste se dokázali soustředit na ten druh sboru, který chcete založit. Pro některé z vás bude model pro zakládání sboru dán kontextem, v němž pracujete, zatímco jiní budou mít při rozhodování více svobody. M4 předkládá otázky, které vám pomohou promyslet různé alternativy. Měl by to být místní sbor nebo síť společenství? Bude založen na buňkách[116] nebo na modelu domácích církví[117]? Co bude ve vaší situaci nejlepší? Pokud se soustředíte na velkou městskou oblast, nestálo by za to zkusit hledat inspiraci například u větších církví a sítí, jako jsou Hillsong[118] nebo Redeemer[119]? Máte sen pro církev s více sbory a stanicemi (multi-site church)? [120] Je vaším modelem organické hnutí? [121] Soustředíte se na misijní společenství[122] nebo na něco mezi?[123] Vaším úkolem je vyjasnit si specifickou podobu sboru nebo společenství, které chcete založit, jehož forma se může od ostatních velmi lišit.

Naše zkušenost říká, že vztah mezi úspěchem při zakládání sboru a volbou modelu pro vznik sboru vypadá zhruba takto: model, který si zvolíte, je ve skutečnosti až druhotný. Důležité *je*, abyste se pevně drželi vize, kterou máte, a toho, co vidíte pro budoucnost. Spousta sborů vzniká na základě impulzu, což znamená, že se řídí nejnovějšími podněty na poli zakládání sborů a myslí si, že když uvidí, co dělají jiní lidé na jiných místech, budou muset svou strategii, model i metody změnit. My jsme však přesvědčeni, že důležitější je mít jasnou vizi, věrně se jí držet a jít za ní. Nové impulzy můžete na počátku své práce použít pro inspiraci a využít cokoli, co poslouží vámi zvolenému směru – a co přispěje k budování toho, k čemu vás Bůh povolal. Jsme přesvědčeni, že časem bude zakládání sborů ve svých formách a vyjádřeních ještě pestřejší než v uplynulých deseti letech. Bůh je tvořivý! Pokud máme být odrazem Boží přirozenosti, musíme přijmout ještě tvořivější vyjádření zakládání sborů, abychom mohli oslovit celou šíři obyvatelstva v našich zemích. Buďte tvořiví na počátku, ale pak se držte modelu, který jste si původně zvolili!

O metodách pro zakládání sborů bylo hodně napsáno a mnoho z nich se také testuje a uplatňuje v praxi. Existují a vytvářejí se různé metody, aby se vycházelo vstříc potřebám

[116] Neighbour, Ralph W.: *Where Do We Go From Here? A Guidebook for the Cell Group Church*. Houston, TX: TOUCH publication, 2000. Beckham, William A.: *The Second Reformation*. Houston, TX: TOUCH publication, 1997. Comiskey, Joel: *Home Cell Group Explosion: How Your Small Group Can Grow and Multiply*. Houston, TX: TOUCH publication, 2002. Comiskey, Joel. *Planting churches that reproduce: Starting network of simple Churches*. Lima OH: CCS publishing, 2009.

[117] Simson, Wolfgang: *Hjem som forandrer verden*. Grimerud: Prokla Media, 2006. Kreider, Larry: *House Church Networks: A Church for a New Generation*. Lititz, PA: House to House Publications, 2001.

[118] www.hillsong.com. Viz také www.hillsong.co.uk.

[119] www.redeemercitytocity.com

[120] Surratt, Geoff, Ligon, Greg a Bird, Varren: *The Multi-Site Church Revolution*. Grand Rapids: Zondervan, 2011.

[121] Cole, Neil: *Organic Church: Growing Faith Where Life Happens*. West Sussex: John Wiley & Sons, 2005. Viz také webové stránky: www.simplechurch.eu.

[122] Breen, Mike a Hopkins, Bob: *Cluster - Creative Mid-Sized Missional*. Sheffield: ACPI, 2009. Stetzer, Ed: *Planting Missional Churches*, Nashville, TN: Broadman & Holman Publishers, 2006. Hirsch, Allan: *The Forgotten Ways*. Grand Rapids: Brazos Press, 2006.

[123] Halter Hugh a Smay, Matt: *DNA - The Gathered and Scattered Church*. Grand Rapids: Zondervan, 2010.

různých kontextů, neboť se liší prostředí (centrum, vnitřní město, venkov, smíšené etnické prostředí), lidé (duchovně zralí, neoslovení, negativně naladěni) i zakladatelé sborů (evangelista, učitel, poradce, hudebník atd.). Zde je několik modelů, které se používají:

M1-2-4-2 Metoda matka-dcera

Tato metoda je založena na scénáři, v němž zavedený sbor založí jeden nebo více nových sborů. Obvykle to znamená, že se sbor musí vzdát určitého počtu svých členů, kteří odejdou, aby pomohli založit nový, nezávislý sbor. Tuto metodu je možné použít mnoha různými způsoby:

Metoda oblastních starších: V oblasti, kde žije několik členů sboru, je vytvořen dlouhodobý plán pro vytvoření nezávislého sboru v této oblasti. Církev jmenuje starší nebo vedoucí z řad členů sboru, kteří žijí v této oblasti, aby stáli v čele procesu vzniku nezávislého sboru. V procesu zakládání sboru se tedy už od samotného začátku počítá s jistou organizační strukturou.

Metoda oblastního pracovníka: Je jmenován pracovník na plný úvazek, který dostane za úkol vybudovat nový sbor v nové části města nebo oblasti. Je důležité, aby tento člověk měl svobodu při hledání spolupracovníků z řad mateřského sboru, kteří by mu s prací pomohli – a kteří se mohou dokonce stát členy nového sboru.

Týmová metoda: Tým dobrovolníků je vyzván a povolán, aby založil nový sbor v nové čtvrti města či oblasti. Tým by se měl skládat z lidí s různými duchovními dary. Pastor nebo jiná osoba z mateřského sboru pravidelně působí jako kouč týmu a sleduje jeho práci. Může být užitečné povzbudit lidi, aby se strategicky přestěhovali do oblasti, kde se bude sbor zakládat.

Kombinovaná metoda: Je zaměstnán člověk, aby vyškolil tým dobrovolníků, kteří spolu s ním založí nový sbor. Tým je složen z laiků, kteří se živí běžným světským zaměstnáním, ale zároveň jsou po modlitbách sborem vysláni, aby se stali základní skupinou vedení nového sboru. Člověk zaměstnaný na plný úvazek jako zakladatel sboru je v první řadě zodpovědný za vyškolení členů týmu.

M1-2-4-3 Metoda zakladatele sboru

Je zaměstnán člověk, který má založit sbor daleko od mateřského sboru, aniž by mu v tom mateřský sbor pomáhal. Existují dva různé modely této metody, přičemž oba vyžadují zvláště obdarovaného člověka s jasnou vizí a velkou schopností pracovat nezávisle.

1. Zakladatel sboru, který je zaměstnán denominací jako průkopník: Pracovník se i s rodinou přestěhuje do úplně nové oblasti, aby založil sbor. Na jeho vzniku se zpočátku podílí jenom on a musí veškerou práci zvládnout sám (sama).

2. Zakladatel sboru, který zorganizuje jednu nebo více evangelizačních akcí v oblasti, kde není jiný sbor: Jde o podobný model jako předchozí, ale výchozím bodem je to, že křesťané věnují například týden nebo dva letní dovolené, aby zorganizovali různé evangelizační akce. Během těchto akcí řada lidí, kteří žijí v dané oblasti, projeví zájem o evangelium a zakladatel sboru je pak může kontaktovat a dále s nimi pracovat.

M1-2-4-4 Další metody

Některé sbory se rozhodují překročit výrazné kulturní překážky a založit sbor mezi těžko oslovitelnými etnickými skupinami nebo subkulturami ve svém okolí. Jiné se zaměřují na konkrétní geografickou či kulturní skupinu: členové sboru sdílejí evangelium se svými nevěřícími přáteli z těchto skupin a budují přitom mosty k těmto kulturám v naději, že v rámci cílové skupiny vytvoří společenství. Tato metoda se často uplatňuje v tzv. misijních církvích (missional churches): Společenství jsou zakládána pro specifické skupiny lidí, například lidi z médií, politiky, umělce a hudebníky, podnikatele a manažery průmyslových podniků. Může se jednat také o studentská společenství, která vznikají na vysokých školách nebo kolejích. Na mnoha místech existuje církev v podobě směsi různých misijních společenství, složených ze specifických cílových skupin, které byly osloveny evangeliem.

V literatuře věnované zakládání sborů se používají termíny *inkarnační*, *misijní* a *atrakční*. *Inkarnační* se dá vyjádřit slovy „vyjít ven a zůstat tam". Tento pojem se používá v případě, kdy malá skupina (5 - 10 lidí) vstoupí do kultury, založí sbor a pak sboru dovolí, aby přijal nejrůznější charakteristiky dané kultury. *Misijní* znamená „vyjít a zvát". Samotná strategie zakládání je definována cílovou skupinou, kterou chcete oslovit, což znamená, že se úsilí zaměřuje na jednu konkrétní cílovou skupinu, například na studenty nebo mladé rodiny. *Atrakční* znamená „zvát". Tento termín popisuje strategii zakládání, kdy říkáte „pojďte k nám". Vytvoříte programy, aktivity a bohoslužby, které jsou přitažlivé pro vaši cílovou skupinu a mohou ji oslovit. Jsme přesvědčeni, že zakládání sborů by mělo obsahovat prvky ze všech tří modelů, ale strategie, kterou si zvolíte v prvním stadiu služby, se pravděpodobně bude soustředí jen na jeden z nich.

Co se týče formy, vyjádření a způsobu zakládání nových společenství, musíme být flexibilní. Naučili jsme se, že je důležité, aby se zakladatelé sborů z různých denominací a organizací setkávali a navzájem se učili z metod a modelů druhých. V Norsku se tak děje už řadu let.[124] V několika posledních letech se mezi zakladateli sborů a společenstvími, která založili, objevily různé vzdělávací sítě, což vedlo k vyššímu počtu nově založených společenství.[125]

M1-2-4-5 Teologické základy

Zatímco se zakladatelé sborů soustřeďují na rozhodování, který model a metodu pro svou práci použít, musí být také hluboce zakotveni v Božím slově a neměnném evangeliu. Podle našeho názoru je důležité zamyslet se nad svými teologickými východisky a pohledy. Musíme vědět, kde stojíme teologicky, a zároveň mít otevřenou mysl vůči všem Božím lidem, kteří náš pohled mohou, ale nemusejí sdílet. Hlavním cílem je Boží království, ne my. Je to Boží církev, ne naše. V mnoha případech jsem byl požádán, abych se stal konzultantem pro týmy zakládající sbory, které se skládaly z lidí pocházejících z různých církevních prostředí a s rozdílnými teologickými pohledy. Ptali se mě, co by podle mého názoru měli dělat. Moje odpověď zněla: Hned na počátku se dohodněte, na jakém teologickém základě budete nový sbor budovat. Buďte k sobě navzájem upřímní, protože diskuse o teologických otázkách je časem spíše složitější.

Mám pocit, že Bůh dělá něco nového napříč tradičními denominacemi a křesťanskými organizacemi. Vzniká nová jednota, která překračuje staré hranice. To, co mají společného, je pochopení skutečnosti, že Boží království je více než jen místní sbor nebo denominace, v níž sloužíme. Je to uznání a vyjádření toho, že když lidé dospějí do naprosté jednoty, pak svět pozná, „... že ty jsi mě poslal a zamiloval sis je tak jako mne".[126] Abychom „... zakořeněni a zakotveni v lásce mohli spolu se všemi bratřími pochopit, co je skutečná šířka a délka, výška i hloubka: poznat Kristovu lásku..."[127] Na řadě míst se objevují nové sítě, založené na vztazích mezi zakladateli, kteří mají silnou touhu hledat společně Boha a vidět, jak na našem kontinentě zasahuje. Roste štědrost a ochota rozdělit se o zdroje, slavit vítězství jedni druhých a poskytnout si navzájem útěchu, když se něco nedaří. Jsem přesvědčen, že Bůh to dělá proto, aby nás připravil na dobu, kdy se bude evangelium na našem kontinentě opět mocně šířit. Setkávám se s řadou mladých zakladatelů sborů, kteří nežijí v kontextu tradiční církve.

---

[124] Síť zakládání sborů v Norsku (The Church Planting Network of Norway) umožňuje zakladatelům sborů a vedoucím setkávat se na společných národních konferencích a fórech, aby se mohli učit jedni od druhých, vyměňovat si zkušenosti a povzbuzovat se k novým věcem.

[125] Appleton, Joanne: ECPN Concept Paper: Mid Sized Mission - The Use of Mid Sized Groups as a Vital Strategic Component of Church Planting. Published on Leadnet.org, 2008.

[126] Jan 17,23

[127] Efezským 3,17-18

Viděli, jak kolem nich Bůh najednou shromažďuje lidi. Původní parta čtyř nebo pěti lidí je najednou obklopena 50 - 60 dalšími – a mnozí jiní přicházejí ke Kristu. Bůh dělá něco nového. V takové době je zcela zásadní, aby zakladatelé sborů a vedoucí naslouchali Božímu Duchu a odvážili se udělat to, co říká.

[128] 2. Korintským 8,5

M1-2-5   Závazek a vykazatelnost ve vztazích

M1-2-5-1   Dlouhodobý závazek

Založení sboru vyžaduje dlouhodobý závazek. Budování živého a prospívajícího společenství nebo sítě menších skupin může klidně trvat čtyři až sedm let. Závazek v základním týmu je jedním z nejdůležitějších prvků potřebných pro úspěch při zakládání sborů.

Když jsem náš základní tým požádal o dlouhodobý závazek k práci na založení sboru v Hånes, pomohlo nám to soustředit se na společné budování a přineslo nám to pokoj. Závazek neznamená jen říct: „Jdu do toho." Znamená to investovat do nových přátelství – a investovat i čas a peníze. Je to ten druh závazku, za který apoštol Pavel chválí církev v Makedonii:

„Překonali všechno naše očekávání: dali sami sebe předně Pánu a z vůle Boží také nám."[128]

Tento druh závazku nemá v centru něčí ego, ale Boží království. Jeho podstatou je podřizování se jedni druhým, otevřenost a upřímnost v nejbližších vztazích. To vše je potřeba k tomu, aby mohlo nové společenství růst. Členové týmu by měli být ohledně svého závazku navzájem vykazatelní. Položte si vzájemně otázku: „Jak vidíš závazek k této práci a založení nového sboru? Na jak dlouho jsi ochoten se zavázat? Jaké jsou tvoje duchovní dary a jak můžeš přispět k realizaci vize, kterou sdílíme?"

Raná průkopnická fáze zakládajícího týmu je úžasné období. Vyznačuje se nadšením a radostí, jednotou a pocitem, že jsme rodina. Je naplněno vírou, optimismem a energií, vizí a skupinovou identitou, ochotou dávat a něco obětovat. Je to organická fáze plná rychlých rozhodnutí a silného pocitu, že „patříme k sobě". V této fázi vytváříte kulturu sboru, která se přenese do dalšího stadia růstu. Je proto důležité, aby v základní skupině existovala kontinuita. Tato fáze osvětlí potenciál vedoucích a vyzkouší i odhalí jejich věrnost a ochotu sloužit. Není zaručeno, že ti nejobdarovanější budou zároveň těmi nejvěrnějšími.

[129] Matouš 28,18
[130] Matouš 7,29
[131] Jan 4,34
[132] Židům 10,5-7
[133] Jan 5,19

Charakter má přednost před obdarováním. Proto byste v nejranějších stadiích zakládání sboru neměli spěchat se jmenováním lidí do trvalých pozic ve vedení.

Závazek se týká i peněz. Začněte do společenství finančně přispívat co nejdříve. Naše srdce jde za našimi penězi. To, jak nakládáme s penězi v základním týmu, stanoví také standardy toho, jak budou církvi dávat ostatní. Základní tým musí vést ve štědrosti a v radosti z dávání. Vedoucí týmu by měl sborové finance svěřit někomu jinému a dbát v těchto věcech na otevřenost a průhlednost. Zakladatel sboru musí být schopen spolehnout se na pomoc jiných, když je to potřeba – zvláště když dojde na finance. Ve službě zakládání sboru je potřebná dobrá komunikace o peněžních tocích. Život v blízkých a vykazatelných vztazích je důležitý jak pro základní tým, tak pro zakladatele sboru. Musíte pochopit, co o životě pod autoritou a ve vykazatelných vztazích říká Boží slovo.

M1-2-5-2 Život pod zdravou autoritou

Ježíš říká: „Je mi dána veškerá moc na nebi i na zemi."[129] Ježíš má konečnou a nejvyšší autoritu a moc. On *byl* a *je* všemocný. Lidé, kteří Ježíše obklopovali, viděli, že používá svou moc a autoritu: „Neboť je učil jako ten, kdo má moc, a ne jako jejich zákoníci."[130] Ježíš autoritu obdržel proto, že on sám byl pod autoritou.

> *Ježíš jim řekl: „Můj pokrm jest, abych činil vůli toho, který mě poslal, a dokonal jeho dílo."*[131]

Autor Listu Židům píše:

> *Proto Kristus říká, když přichází na svět: „Oběti ani dary jsi nechtěl, ale dal jsi mi tělo. V zápalné oběti ani v oběti za hřích, Bože, jsi nenašel zalíbení. Proto jsem řekl: Zde jsem, abych konal, Bože, tvou vůli, jak je o mně v tvé knize psáno."*[132]

> *Ježíš jim řekl: „Amen, amen, pravím vám: Syn nemůže sám od sebe činit nic než to, co vidí činit Otce. Co činí Otec, stejně činí i jeho Syn."* [133]

Ježíšova moc a autorita spočívá v jeho poslušnosti Otci. Co se z toho můžeme naučit? Nemáte žádnou autoritu, pokud sami nestojíte pod autoritou. Se slovy *autorita* a *moc* se nám často spojují negativní představy. U Ježíše to neplatí. Když se podíváme do knihy Zjevení, vidíme, že Ježíš je popsán jako „Boží beránek" a „lev z Judy". Jsou to na první pohled protiklady, ale společně nám ukazují jádro Boží představy o moci a autoritě ve vedení. Beránek zastupuje pokoru a obětavost, čistotu a laskavost. Lev je symbolem vlády a dobývání, spravedlnosti a postavení krále. Spisovatel Romano Guardini říká:

> „Jsme stvořeni k Božímu obrazu a abychom mohli ukázat celý Boží obraz, musíme jednat v moci a s autoritou (vládnout) a zároveň sloužit. Vláda bez služby vede k sobectví a zneužívání moci. Jen prostřednictvím jednoty těchto dvou aspektů, kdy oba prvky najdou své místo, se člověk stane úplným a dosáhne naplnění svého povolání." [134]

Guardini definuje moc jako „schopnost, možnost a vůli rozhodovat se a mít vliv".[135] Moc používáme prostřednictvím svých rozhodnutí a nerozhodnutí. Jako Ježíšovi následovníci se učíme, jak dělat správná rozhodnutí, když žijeme pod Kristovou vládou a ochotně se podřizujeme jeho autoritě. Jen ti, kdo stojí pod autoritou, jsou schopni projevovat moc a autoritu dobrým a zdravým způsobem.

M1-2-5-3 Život ve vykazatelných vztazích

Ježíš je „hlavou těla" a skrze něj máme „v každém ohledu růst v Krista, který je hlavou".[136] Ježíš však není jen „hlavou", ale i „tělem" – dnes mluví prostřednictvím svého těla, skrze bratry a sestry v Kristu. Proto je mimořádně důležité, abych byl jako zakladatel sboru pevně spojen s ostatními, kterým jsem dal právo promlouvat do mého života – povzbuzovat, pomáhat, radit a napomínat mě. Autoři této knihy chtějí zdůraznit, jak je důležité být pod autoritou. Jako zakladatelé sboru bychom všichni měli mít někoho, komu jsme dali právo promlouvat do našeho života – povzbuzovat, pomáhat, radit a napomínat nás. Pravidelně se s těmito lidmi scházíme. Jsme přesvědčeni, že pro všechny zakladatele sborů je udržování a rozvíjení zdravé autority jako vedoucích nového sboru naprosto zásadní věc. Máte kolem sebe takové lidi? Kdo to je? Jakým způsobem vás vedou a podporují? Jste ochotni jim naslouchat? Mnohá témata, kterých jsme se zde dotkli, vyvstanou, až budete v raných stadiích zakládání

---

[134] Guardini, Romano: *Das Ende der Neuzeit - Die Macht*. Mainz: Matthias-Grünewald Verlag, 4. oppl. 2001.

[135] Tamtéž. Guardini píše, že moc (rozhodovat se) = energie + fyzická síla + vědomí, které rozumí této moci + vůle a iniciativa směrovat tuto moc k cíli + schopnost vést tuto moc k cíli. Moc je tudíž schopnost se rozhodovat.

[136] Efezským 4,12 a 15 B21

nového společenství budovat zdravý základní tým. Budováním týmu se bude zabývat další kapitola.

M1-3

Budování základního týmu – Terje Dahle

M1-3-1 Úvod

Společná práce v týmu může být úžasná věc – plná dynamiky, tvořivosti a radosti. Může to však také být neuvěřitelně vyčerpávající, když tým ovládnou vášnivé debaty a nejasnosti ohledně směru. Žalm 133 popisuje tým, v němž je člověk rád a který přináší dobré ovoce, takto: „Jaké dobro, jaké blaho tam, kde bratří bydlí svorně!"

Všichni, kdo to zažili, vědí, že naprosto nic nemůže dát stejné uspokojení a přinést stejné dlouhodobé a blahodárné výsledky jako život v jednotě s jinými věřícími v týmu, který zakládá sbor. Z Bible se dozvídáme, že Bůh vždy pracoval společně jako Trojice. Bůh říká: „Učiňme člověka, aby byl naším obrazem podle naší podoby."[137] Ježíš tento trojiční vztah prakticky ukázal řadou způsobů: například nedělal nic, co by mu předtím neukázal Otec.[138] A když vyslal učedníky kázat dobrou zprávu o království, vysílal je po dvojicích, nikdy ne samotné.[139] Stojíme-li tváří v tvář Boží velikosti, slávě a moci, můžeme být zcela přemoženi obrovskými rozměry jeho plánů a záměrů. Jediná věc, kterou můžeme udělat, je pokorně přiznat, že náš úkol v Božím plánu je příliš velký na to, abychom ho dokázali zvládnout sami.[140] Boží velikost nám pomáhá vidět, že *rozmanitost* a *jednota* jsou dvě stránky téže mince: potřebujeme jedni druhé jako spolupracovníky, abychom viděli Boží království na zemi. Pavel nás popisuje jako lidi, kteří byli „jedním Duchem pokřtěni v jedno tělo."[141] Lidské tělo se skládá z miliónů buněk, ale všechny společně pomáhají vytvářet úžasně rozmanité funkce, které spolupracují, aby z nás udělaly tyto fantastické organismy. To, že jsme pokřtěni Duchem svatým do Kristova těla, znamená, že hranice jazyka, kultury, věku a pohlaví, které rozdělují lidi, nás jako křesťany již rozdělovat nemohou. Naplnění Božím Duchem z nás dělá spolupracovníky, ne individualisty. Duch svatý nám ukazuje naše společné poslání a to, jak potřebujeme silné stránky a dovednosti jedni druhých, abychom překonali obtíže a nesnáze, jimž společně čelíme.

V Pavlových dopisech v Novém zákoně nalézáme několik obrazů církve podtrhujících jednotu, kterou prožíváme, když pracujeme společně: „... máte právo Božího lidu a patříte k Boží rodině ... v něm jste i vy společně budováni v duchovní příbytek Boží."[142]

Když Pavel v 6. kapitole Listu Efezským mluví o bojovníkovi, který stojí a bojuje proti zlu, používá pojem, který má individuální i kolektivní konotaci. Pronikání na

[137] Genesis 1,26
[138] Jan 5,16-30
[139] Lukáš 10,1-2
[140] Efezským 1,3-11; 4,11-13
[141] 1. Korintským 12,13
[142] Efezským 2,19-22; 4,15-16

nové místo (kultivování nové půdy), zakládání nových sborů a kázání evangelia je zodpovědností jednotlivce i něčím, co děláme společně. Jedno se nedá dělat na úkor druhého. Biblický obraz nám ukazuje, že jako následovníci Ježíše Krista máme osobní i společnou zodpovědnost.

M1-3-2 Vedoucí v Bibli pracovali společně v týmech

V den Letnic Petr vystoupil spolu s jedenácti učedníky.[143] Od samého počátku apoštolové pracovali společně jako tým vedoucích sboru v Jeruzalémě. Jako skupina jsou popisováni na několika místech knihy Skutků.[144] Bible obvykle označuje vedoucí sborů slovem „starší". Historii tohoto pojmu můžeme vysledovat až ke starozákonním patriarchům. Když apoštolové jmenovali vedoucí nového sboru, označovali je jako *starší*.[145] „Starší" je podstatné jméno v množném čísle. To vidíme například v situaci, kdy si Pavel k sobě zavolal vedení sboru v Efezu:[146] setkala se s ním skupina – přišli jako *tým*.

Pavel ve své službě nikdy nepůsobil sám. Když se měl vydat na svou první misijní cestu,[147] byl Duchem svatým vyslán, aby šel spolu s Barnabášem. Z epištol vyplývá, že Pavel je vždy obklopen spolupracovníky. Ve Skutcích 17 jasně vidíme, že spolupráce s dalšími lidmi pro Pavla znamenala opravdu hodně: Pavel přišel do Atén sám, protože na ostrově Beroa nastalo tak silné pronásledování a potíže, že byl donucen odejít. Verš 16 říká: „Zatím *na ně Pavel v Athénách čekal*; když shledal, kolik modlářství je v tom městě, velmi ho to znepokojovalo." Pavel čekal na příchod Timotea a Silase. Dokonce i když okolnosti Pavla přiměly, aby pracoval sám, dával přednost práci s týmovými kolegy.

M1-3-3 Týmová práce jako odpověď na výzvy dnešní doby

Mnohé výzvy, jimž čelili první křesťané, jsou stejné jako ty, které vidíme v dnešní společnosti,[148] a mají vliv na současné církve. *Pax Romana* byl známý pojem, který se používal v celé římské říši. Římané vládli světu, stavěli silnice pro obchod a zajišťovali mír a bohatství těm, kdo se podřídili jejich vládě. Křesťané se dostávali do potíží proto, že jako svého pána uznávali pouze Ježíše Krista. Římská říše zažívala globalizaci,[149] pluralismus (rozmanitost náboženství), duchovní probuzení (zvětšení vzdálenosti mezi zavedeným náboženstvím

---

[143] Skutky 2,14

[144] Skutky 4,33; 5,12; 8,12; 9,27

[145] Skutky 14,23

[146] Skutky 20,17-38

[147] Skutky 13,1 a násl.

[148] McNeal, Reggie: *Revolution in Leadership: Training Apostles for Tomorrow's Church.* Nashville, TN: Abingdon Press, 1999.

[149] Skutky 2,9-11

a lidovou vírou) a individualismus.[150] Týmová práce nám pomáhá, když čelíme výzvám dnešní doby, které často brzdí postup Božího království. Budeme-li pracovat jako tým, podaří se nám vyřešit složité otázky, například:

hledat rovnováhu mezi tím, jak připravovat lidi ke službě a zároveň působit proti ničivé hierarchické mentalitě, která má tendenci vést lidi k pasivitě.[151]

pronikat do nových oblastí místo zastavení se a udržování stávající práce.

promýšlet věci a postupovat společně jako tým, a zároveň se vyhnout postoji „my – oni" nebo „laik – odborník".

myslet holisticky bez umělého dělení věcí na duchovní a světské.

[150] Skutky 17,16

[151] Efezským 4,11-13

M1-3-4 Základní důvody, proč by měl jednotlivec pracovat v kontextu týmu

M1-3-4-1 Jednotlivec a celek

To, co určuje, zda se tým změní v dynamickou službu, která bude pronikat na nová území, je dáno synergií jednotlivých členů týmu. Některé dovednosti se člověk naučí pouze v průběhu spolupráce s jinými lidmi. Existují však jisté základní prvky, které fungují jako stavební kameny pro vybudování dynamického týmu. Pokud je budeme ignorovat, mohou nás čekat nepříjemná překvapení.

Když jsem začal vést modlitební skupinu, která se nakonec změnila ve sbor, zjistil jsem, jak rychle jsem začal sám sebe srovnávat s druhými. Často jsem zjišťoval, že jiní lidé jsou v leččem lepší než já. Když jsem se díval sám na sebe ve světle nadání druhých lidí, zdálo se, že nemám hudební sluch, neumím moc organizovat, komunikovat, učit ani kázat. V mnoha situacích mě to vedlo k pasivitě a postoji přihlížejícího, místo abych se aktivně zapojil. Když jsem se později setkal s Boží bezpodmínečnou láskou a začal chápat, co to znamená být novým stvořením v Kristu Ježíši, do mého života vstoupila nová jistota. Umožnilo mi to se mnohem více uvolnit, když jsem se setkával s jinými lidmi. Byl jsem schopen dívat se na ně jako na spolupracovníky a ne jako na soupeře. Více jsem se zapojil, převzal iniciativu a radoval se z dynamiky, která začíná fungovat, když všichni sdílí, co mají na srdci. Od té doby se týmová práce stala jednou z mých nejoblíbenějších součástí služby v Božím království.

M1-3-4-2 Tři základní faktory pro úspěšnou týmovou práci:

(I) Boží milost. Boží milost vytváří identitu založenou na Božím díle a ne na našem úsilí.[152] To nás osvobozuje od podmíněné lásky, soupeření a srovnávání se. Dovolíme, aby se evangelium naším prostřednictvím stalo tělem a krví, takže se budeme vyznačovat důvěrou v Boha[153] a prožíváním toho, že jsme novým stvořením.[154]

(II) Důvěra ve vlastní identity. Lidé se sebedůvěrou si uvědomují důležitost ostatních.[155] Pokud tito lidé rozumí Boží milosti, přijímají a oceňují dary i povolání jiných, místo aby je vnímali jako hrozbu. Pak můžete jednat s jinými lidmi, aniž byste měli hierarchickou představu vybudovanou na postavení a titulech. Máte jiné hodnoty: dáváte Ježíše a Boží plán do centra věcí. Všichni se stáváme jeho služebníky, kteří jsou při společném poslání stejně důležití.

(III) Zjevení těla Ježíše Krista. Církev vidíme jako tělo[156], jehož hlavou je Ježíš Kristus.[157] Díky podobné holistické perspektivě nabýváme správnou představu o sobě a o druhých. Stáváme se údy samotného Krista a získáváme správnou sebeúctu, založenou na tom, že jsme důležití pro celek. Lidé jsou oceňováni proto, že každý z nich reprezentuje různé talenty a přispívá k tomu, aby se celé tělo Ježíše Krista stalo realitou. To zabrání našemu srovnávání se s druhými, falešnému pocitu méněcennosti[158] a způsobu práce v nezávislosti na druhých.[159] Tělo funguje jako jednotka a svědčí o péči a zájmu o každého člena. Nikdo nedělá nic na úkor někoho jiného, protože jsme vedeni Kristem jako hlavou a on nikoho neprotěžuje.[160]

M1-3-5 Sdílené hodnoty a vize – základ pro úspěšnou týmovou práci

M1-3-5-1 Zakořenění vize a hodnot

Úspěšná týmová služba je založena na sdílené vizi a hodnotách. To vše může souviset s tím, jak vnímáme Boha a jak nás to ovlivňuje. Způsob, jakým vidíme Boha, má vliv na to, jak vidíme svět, jakou máme sebeúctu a co považujeme za smysl svého života. Naše vize a hodnoty by proto měly být zakotveny v Bohu, který je nad námi aby měly pevný základ, když dojde ke střetu s realitou zakládání sboru.

Když jsme se s Lise v roce 1984 přestěhovali na Vesterály v severním Norsku, viděli jsme, jak ke Kristu přišlo mnoho mladých lidí. Náš dům byl plný těch, kdo

---

[152] Efezským 2,4-10
[153] Římanům 8,5-17
[154] 2. Korintským 5,17
[155] Matouš 22,36-40
[156] 1. Korintským 12
[157] Efezským 1,22-23; 4,15
[158] 1. Korintským 12,14-18
[159] 1. Korintským 12,20-26
[160] Galatským 2,6; Římanům 2,11

toužili více poznat Boha. V té době jsme nijak zvlášť neuvažovali o založení sboru ani jsme neměli pocit, že jsme povoláni k tomu, abychom vedli sbor. Cítili jsme se však zodpovědní za lidi, kteří byli spaseni, a tak jsme se s těmi, kdo přijali evangelium, začali pravidelně scházet ve shromáždění. Přidali se k nám další křesťané, protože se chtěli účastnit toho, co se dělo. Po nějaké době jsme se skupinou začali mluvit o tématu vize a hodnot a ukázalo se, že mezi lidmi, kteří se k práci připojili, je řada různých názorů. Proces vyjasňování vize a hodnot dokonce vedl k tomu, že několik lidí ze společenství odešlo. Jen to, že jsme si řekli, že chceme budovat sbor a nezůstat jen modlitební skupinou, přimělo některé lidi odejít. U těch, kteří zůstali, tento obtížný proces vytvořil sdílené zaměření ve službě a vyvolal touhu žít společně jako církev. Dalo nám to pocit pokoje ve službě a vyhnuli jsme se neustálému napětí v rámci sboru.

[161] 1. Janův 4,17

M1-3-5-2 Sdílené hodnoty

Hodnoty jsou ty věci, které pro nás něco znamenají a za něž jsme ochotni bojovat. Pro nás osobně vycházejí hodnoty z Boha.[161] Vedou nás, když čelíme výzvám, a určují parametry pro to, jakými způsoby pracujeme. Všichni členové našeho týmu jsou si vědomi týmových hodnot a vědí, jak se k nim postavit. Žijeme v integritě. Jsme modelem kultury, kde lidé drží slovo a plní své závazky, a vážíme si věcí jiných lidí, například času. Vůči sobě používáme stejná měřítka jako vůči jiným a naše rozhodnutí jsou založena na našich hodnotách. Vyhýbáme se zkratkám k dosažení krátkodobých cílů. Jednou z našich základních hodnot je milosrdenství, a proto se nedíváme na lidi z hlediska toho, co mohou nabídnout, ale prokazujeme jim milosrdenství, aniž bychom přemýšleli, co dostaneme na oplátku.

Je důležité, abychom hodnoty nebrali jako samozřejmost, ale komunikovali je lidem takovým způsobem, že si jich budou vědomi a stanou se součástí jejich životů. Hodnoty pak budou fungovat jako pojivo, které drží společenství dohromady, a vytvářet sdílenou identitu. Identita by neměla vycházet z vedoucích nebo darů, ale z něčeho hlubokého a daného Bohem. Hodnoty také vytvářejí normy pro soužití s druhými: co komu říkáme, jaký druh humoru používáme a tak dále. Když jsme si vědomi svých hodnot, brání to kultuře v rozpadu. Nevyslovená pravidla jsou živnou půdou pro nedorozumění a mohou nás vést k uáhleným závěrům. Hodnoty by měly být sepsány tak jasně, aby stanovily, jakými vzorci chování by se měla vaše služba vyznačovat, například:

» Mluvíme jedni s druhými, ne jedni o druhých.

» Jsme schopní přiznat před ostatními neúspěch.

[162] Židům 3,1

[163] Matouš 16,15-18

[164] 1. Korintským 12,21-26

[165] 2. Korintským 8,5

» Říkáme, co máme na mysli, bez ohledu na to, co by si o tom mohli myslet jiní.

M1-3-5-3 Sdílená vize

Když se osobně setkáme s Boží milostí, vstupujeme do povolání a vize celého Kristova těla.[162] Vidíme, že cíl, který sdílíme s ostatními členy zakládajícího týmu, je mnohem důležitější než jakákoli role či funkce, kterou v týmu máme. Ostatní lidé pro nás nepředstavují ohrožení, ale děláme to, co je důležité pro dosažení našeho společného cíle. To v našem týmu vytváří flexibilitu a schopnost přizpůsobit se, díky čemuž je pro všechny snazší pracovat společně. Mnoho týmů ničí soustředění se na sebe, protože dovolí, aby se osobní přesvědčení postavilo do cesty celku. Osobní představy nás mohou odvést od hlavního cíle a okrádat nás tak o energii a pozornost. Z dlouhodobého hlediska mohou tým zakládající sbor vyčerpat. Zakládání sboru vyžaduje, aby se soustředění i energie ubíraly stejným směrem. Jednotná vize vytváří prostor v jednotném směřování, které umožňuje různým druhům lidí s různými dary a schopnostmi podílet se na práci týmu.

Sdílená vize Božího království je mnohem více než jen shromažďování lidí kvůli možnosti vyměňovat si názory a představy o budoucnosti. Znamená to ztělesňovat zjevení, jež nám Bůh dal o Ježíši Kristu v těle a krvi. Má svůj původ v nebeské říši a představuje základ, který obstojí ve zkouškách a tlacích, jež s průkopnickou prací přicházejí.[163]

M1-3-5-4 Vzájemná závislost členů týmu

Pavel píše, že jsme jedno tělo, které ke svému fungování potřebuje všechny údy, což vyžaduje, aby všechny fungovaly s ohledem na všechny ostatní a s péčí o ně. Předpokládá to rovněž vzájemnou úctu a starost o druhé.[164] Náš význam není určen našimi dovednostmi a dary, ale skutečností, že prostřednictvím Boží milosti jsme zahrnuti do Kristova těla. Je zakotven mimo nás. Tým je jen tak silný jako jeho nejslabší článek. Proto je důležité, aby tým měl někoho, kdo ho dokáže vnímat jako celek, aby nebyly přehlíženy důležité funkce. Apoštolský aspekt průkopnické práce znamená vidět celek ve vztahu k prorocké a evangelizační funkci. Když jsou členové týmu na sobě navzájem závislí, znamená to, že každý z nich musí mít jasný závazek vůči Bohu i ostatním v týmu.[165] V týmu je potřeba stanovit, jak se bude vzájemná závislost projevovat v každodenním fungování. Praktické aspekty realizace vzájemné závislosti zahrnují:

řešení konfliktů, aniž bychom je odsouvali stranou nebo ignorovali, každý člověk musí znát své povinnosti a zodpovědnost v týmu,

vzájemné očekávání, že každý člověk bude sloužit s plným nasazením vzhledem ke své kapacitě a energii,

i když tým musí být ochoten riskovat, musí v něm zároveň být dostatečná jistota, aby i ti, kdo raději věci řeší opatrněji, měli odvahu dělat věci novým nebo jiným způsobem.

[166] Genesis 1,28

[167] 2. Timoteovi 2,1-2

[168] Matouš 28,18-20; Jan 20,21

M1-3-5-5 Pochopení významu ostatních členů týmu

Máte-li ucelenou představu o vzájemné závislosti všech členů týmu, jste schopni vidět *význam* jedinečného povolání a souboru dovedností každého člověka v kontextu celého týmu. Zamezíte konfliktům, které vznikají, když si lidé myslí, že ostatní stojí v cestě realizaci jejich povolání. Vyhnete se také tomu, že by lidé měli zábrany vstoupit do služby, protože nevidí, jak by se jejich dary daly v týmu využít. Zjevení moci kříže pomůže každému členu týmu směřovat ke společnému ohnisku, kterým je Ježíš Kristus. V Ježíši je místo pro každého – každý člověk plní nezastupitelnou roli v tom, jak se prezentuje Kristovo tělo v celé své úžasné barevnosti a rozmanitosti. Boží království se rozrůstá, když každý Boží člověk dělá to, k čemu je jedinečně obdarován a povolán, a pracuje v součinnosti s funkcemi a dary jiných lidí. Pokud tomu tak není, bude rozvoji království stát v cestě frustrace a zmatek způsobený nedostatkem docenění významu každého ze členů týmu.

M1-3-5-6 Reprodukce a multiplikace

Fungujeme-li jako jedno tělo, vytváříme podmínky pro to, aby se tělo mohlo reprodukovat. Bůh tuto schopnost zabudoval přímo do naší vlastní přirozenosti, když nás povolal, abychom byli plodní a rozmnožovali se.[166] Ježíš to ukázal ve své službě tím, že investoval čas do životů učedníků, než jim svěřil svou pozemskou službu. Pavel totéž učí Timotea a nabádá ho, aby žil stejným způsobem jako on.[167] A v Bibli také můžeme vidět čtyři generace křesťanů, kteří Bohu sloužili společně. [168]

Když se stáváme průkopníky nové práce, je pro nás pokušením hodnotit pokrok tím, že se díváme na čísla a statistiky – snadno se měří a sdělují jiným. Vezmeme-li si však za vzor Boží způsob služby, budeme investovat do několika vybraných jednotlivců, což ve skutečnosti *zvýší* potenciál růstu. Těmto lidem nevěnujeme čas proto, aby mohli naši práci dělat za nás a sloužit nám. Investujeme do jejich

[169] 1. Korintským 3,6

[170] Maxwell, John: *The 17 Indisputable Laws of Teamwork.* Thomas Nelson, 2001.

životů proto, abychom jim pomohli najít místo v Kristově těle, kde by mohli fungovat na optimální úrovni. Díky tomu uvolníme lidi do služby, v níž porostou ve zralé dělníky. V životech těchto jednotlivců „zaséváme" a „zaléváme", ale je to Bůh, kdo dává růst tím, že se v nich rozvíjí Boží život.[169] Toto je jediná forma služby, která umožňuje jak kvantitativní, tak kvalitativní růst. Má dlouhodobou perspektivu, která spojuje několik generací služebníků dohromady. Když pracujeme v Kristově těle, potřebujeme jedni druhé, abychom tuto práci zvládli – ale to neznamená, že můžeme jedni druhé využívat nebo zneužívat. Uvažujeme-li v pojmech reprodukce, strukturujeme náš tým takovým způsobem, aby ti, kdo mají určitou úroveň zodpovědnosti, našli někoho dalšího, do koho by mohli investovat, aby tento nový člověk mohl někdy v budoucnosti tuto oblast zodpovědnosti převzít. To povzbuzuje k reprodukci ve všech funkcích a úkolech týmu.

Tento druh dlouhodobého plánování a investování je klíčem k vytváření udržitelného růstu v situaci, kdy se zakládá sbor v úplně novém prostředí. Vyhnete se tak při rozvoji služby „efektu bumerangu", kdy se vám vaše vlastní práce vrátí a praští vás do hlavy, protože jste včas nezvýšili kapacitu týmu, aby růst zvládl. Snižuje to také potenciál pro vyhoření týmu a umožňuje zachovat hodnoty základního týmu, jakými jsou rodinný život, rekreace a odpočinek.

M1-3-5-7 Komunikace v týmu

Základem úspěšné týmové práce je dobrá komunikace.[170] Dobrá komunikace závisí na kultuře založené na učení se, která je charakterizována otevřeností a soustředěním se na službu. Ideální je svobodný tok informací mezi celým týmem, takže čas, který členové týmu stráví spolu, může být využit k rozhovorům o věcech, které se právě dějí, oslavám vítězství a otevřené diskusi o porážkách. Tímto způsobem si vytváříte kulturu a „jazyk" komunikace, který bude formovat základ pro dobrý tok informací a sdílenou identitu v rámci skupiny. Určitý pohled nebo lehká poznámka někdy stačí k tomu, aby se všichni začali smát nebo přikyvovat na souhlas.

M1-3-5-8 Otevřenost v komunikaci

Ježíš povolal *každého* z nás k učednictví, což znamená, že *nikdo* z nás není dokonalý. To vytváří základ pro otevřenost a blízkost v týmové komunikaci. Ježíš chodil a žil se svými učedníky v každodenním životě a jednal s nimi bezprostředně a přímo. Když se komunikace vyznačuje hádkami a spory, brání to toku dobré konverzace a myšlenek. Otevřenost začíná u vedoucího týmu. Je důležité sdílet více než jen službu: otevřenost přichází do života tím, že mluvíme o svém vlastním životě. „Jak se daří rodině?" „Jak jsi na tom se zdravím, osobním modlitebním životem, jak vycházíš s penězi?" Když začneme u vlastního života a otevřeně ostatním řekneme, jak se věci mají, budujeme most blízkosti a důvěry.

Otevřenost je založena na tom, že se modlíme a hledáme Boha společně.[171] Čas strávený společně v modlitbě posiluje duchovní jednotu týmu, která má vliv na to, jak spolu komunikujeme. Zakládání nového sboru je duchovní podnik, který je založený na propojení *vertikální komunikace* (mluvení s Bohem) a *horizontální komunikace* (sdílení v týmu).[172]

Hnací silou týmové služby je kolektivní vzývání Božího jména a sdílení zkušenosti společného naslouchání Bohu.[173] To si žádá vytrvalost, čehož si byl Ježíš plně vědom.[174] Společná modlitba nás posiluje a pomáhá nám stále se soustřeďovat na modlitbu, která je v dobách, kdy procházíme náročnými obdobími, velice důležitá.

[171] Skutky 1,14

[172] Skutky 13,1-3

[173] 1. Timoteovi 2,1-4; Skutky 4,23-24

[174] Lukáš 18,1-5

M1-3-5-9 Dobrá komunikace se vyznačuje následujícími vlastnostmi:

Vzájemný závazek. Každý je tady pro druhé a cítíme, že si můžeme navzájem důvěřovat. Mluvíme jedni *s* druhými, ne jedni *o* druhých. Nikdy o druhých neříkáme věci v nevhodných situacích a to, co bylo řečeno jako důvěrné, také důvěrné zůstane.

Ochota učit se. Nasloucháme jedni druhým, abychom se učili, lépe a hlouběji chápali věci a získali nové postřehy a vědomosti. Na společné chvíle nepřicházíme soupeřit, ale se zvídavým postojem.

Beze strachu. Při sdílení je potřeba často a rychle reagovat, aby nevzniklo komunikační vakuum a nejistota. Odpovědi by měly být jasné a jednoznačné, aby nedošlo ke zmatku a potřebě spekulovat o tom, co tím ten druhý myslí.

Žádná překvapení. Komunikace musí plynout ke každému členovi, který ji potřebuje. Díky tomu se nikdo nebude cítit opomíjený ani mu neunikne žádná důležitá informace. Neměly by probíhat žádné soukromé diskuse a nemělo by docházet k žádným dohodám mimo příslušná fóra.

Důvěra. Komunikace musí být upřímná – dokonce i když to něco stojí a je nepříjemná pro mluvčího i posluchače. V tom, co je nebo není řečeno, nesmí existovat žádná skrytá agenda.

Mluvit ve víře a vykazatelně. Když máme na srdci něco, co bychom chtěli říct, mluvíme v první osobě jednotného čísla („já") a vyhýbáme se tomu, abychom používali jiné lidi k prosazování vlastního názoru. Nikdy nemluvíme za druhé. Stojíme si za tím, co říkáme, a jsme zodpovědní za věci, které říkáme nebo neříkáme. Každý jasně vyjadřuje to, co má na mysli, a má odvahu být osobní ve svém přístupu k ostatním, takže je snadné spolu navzájem mluvit a vycházet spolu.

M1-3-5-10 M1-3-5-10 Otevřenost ke změně

Týmy nejsou statické ani neměnné. Naše pozice v týmu není nadřazena funkci nebo úkolu. Tým by se měl skládat z lidí, kteří jsou v jakékoli stanovené době nejlépe vybaveni k tomu, aby splnili daný úkol. Osobní otevřenost ke změně udržuje ve službě flexibilitu a chrání nás před přesunutím ohniska naší pozornosti od týmových cílů k nějakým osobním zájmům týkajícím se našeho vlastního místa a funkce v týmu. Zdravý tým přijímá změnu a adaptuje se na ni – dokonce ve změně žije a očekává ji (srov. Skutky 13,1-3). Sebereflexe nám pomáhá vidět samy sebe a naši funkci realisticky ve světle celku. Musíme se odvážit pustit se do nepříjemných rozhovorů, které vedou ke změnám v rolích a funkcích v týmu.

M1-3-5-11 M1-3-5-11 Spolupráce a ochota se učit

Pavel vysílal své spolupracovníky na nejrůznější cesty a návštěvy církevních společenství. Práce nebyla charakterizována slovy „moje" a „vaše", ale slovem „naše". Když se budete na svou práci dívat stejně – se společným cílem a povoláním založeným na jasné organizační struktuře – pomůže vám to spolupracovat se širokou škálou lidí a vyhnete se nástrahám soupeřivosti a srovnávání. Povedete-li s týmem během procesu rozhodování otevřený dialog, budou vaše rozhodnutí opřena o široký základ zkušeností a vhledu. Spolupráce založená na sdílených hodnotách podporuje kulturu učení se, která otevírá tým stálému rozvoji. Můžete členy týmu povzbudit, aby četli a učili se nové věci a pak aby o tom, co se dozvěděli, vyprávěli ostatním. Je důležité, abyste se v procesech plánování, kde se o otázkách diskutuje během delší doby, neuchylovali k unáhleným rozhodnutím, která by proces příliš brzy zablokovala. Vyhněte se tomu, aby během diskuse nejprve svůj názor vyjádřil vedoucí: to je nejlepší způsob, jak zkratovat jakékoli další přispění od zbytku týmu.

M1-3-5-12 M1-3-5-12 Konflikty v komunikaci

Konflikty jdou s týmovou prací ruku v ruce. Důvody tohoto jevu lze rozdělit do čtyř různých oblastí:

» různé hodnoty

» různé vize

» různá očekávání ohledně rolí

» různé vnímání reality

Je důležité, abyste objevili hlouběji skryté problémy, které mohou vést ke konfliktu. Pokud konflikt vychází z rozporů ve vizi nebo hodnotách, může být velice těžké ho vyřešit bez změny složení týmu. Je důležité nevyhýbat se nepříjemným otázkám, ale místo toho se jim otevřeně a upřímně postavit. K vyřešení některých konfliktů je nutná podpora a supervize zvenčí. Vztahy, které potřebujete pro tento druh pomoci, se musí budovat během „dobrých časů", abyste měli zdroje pro řešení konfliktu k dispozici ještě *předtím*, než nějaký vyvstane. Ovšem pokud jsou vaše zdroje založené jen na struktuře (například když mateřský sbor vyšle osobu, která se zakládajícím týmem sboru v krizi nemá vybudované žádné skutečné vztahy nebo si nezískala jeho důvěru), pak je tento typ pomoci pro řešení konfliktu v týmu často prakticky k ničemu.

Konflikty je nutné vyřešit. Nevyřešené a přetrvávající konflikty okrádají tým o energii a soustředění a mohou v konečném důsledku vést až k rozpadu týmu. Nemůžete věci jen tak nechat být a doufat, že se stane to nejlepší. Musíte o věcech mluvit, řešit oblasti konfliktu, identifikovat výzvy a pak vytvořit konkrétní plán, který vám pomůže jít vpřed.

M1-3-5-13 Budování osobního charakteru prostřednictvím služby v týmu

Dobrý tým se vytváří, když charakter a dary lidí odpovídají úkolům, které vykonávají. Ovoce Ducha se nedá ničím nahradit.[175] Život v Duchu zahrnuje i to, že se lidé nenechají ovládat sobeckými ambicemi, ale společně budou pracovat ve prospěch společného cíle.

Pocit osobní zodpovědnosti a závazku je zcela nezbytný, ocitne-li se tým pod tlakem a čelí odporu. Když tým už nějakou dobu prochází společně zkouškami, vytváří se u jeho členů hluboký pocit vzájemné sounáležitosti a oddanosti, což je připravuje na výzvy, které je čekají v další fázi budování sboru. Tato soudržnost

[175] Galatským 5,22-26

[176] Přísloví 27,17 se projevuje ve chvíli, kdy tým spojí své síly, aby realizoval nějaký úkol – dokonce i když jde o něco, co nepatří k oblíbeným činnostem kohokoli z nich.

Náš charakter coby členů týmu se buduje ve chvílích, kdy nám druzí jdou na nervy a dostávají se nám pod kůži – kdy se ostatní dotýkají těch oblastí v našich životech, které bychom raději ponechali skryté.[176] Když před napětím neuhýbáme, ale postavíme se mu čelem a propracujeme se jím, buduje se v nás charakter. A také tím získáváme zkušenosti, které nám otevírají oči, abychom týmovou práci viděli jako dobrý způsob služby. Jedním z největších komplimentů, kterého se nám může dostat, je, když nám někdo řekne, že se na nás může spolehnout – a když víme, že se můžeme spolehnout na něj a také na zbytek týmu.

M1-3-5-14 M1-3-5-14 Ovoce týmové služby

Dobře fungující tým přináší výsledky na mnoha úrovních, je vizionářský, zaměřený navenek a uschopňuje jiné. Odolá ve zkoušce času a reprodukuje dary a funkce v jiných lidech. Podporuje nové způsoby myšlení, které uvolňují další iniciativu. A ještě jedna věc – je s ním zábava!

M1-4

Jasná vize – Øystein Gjerme

[177] Izajáš 6,1-7

[178] Izajáš 6,8

[179] Nehemjáš 2,1-6

M1-4-1   Úvod

Boží plán spasení se realizuje, když si Bůh vybírá lidi a povolává je, aby pro něj splnili určité konkrétní úkoly. Zkušenost přijetí povolání je jedinečná a subjektivní a ti, kdo slyší Boží volání, se mohou rozhodnout ho neuposlechnout. Pokud ale na volání zareagují, jednají podle něj a setkají se s konkrétními okolnostmi v konkrétním historickém kontextu, může to mít pro Boží působení ve světě obrovský význam. Z příběhů o tom, jak lidé v Bibli prožívali své povolání a co v reakci na ně udělali, získáme představu o tom, jak se formuje vize. Podívejme se na pět příkladů.

M1-4-2   Zkušenosti s přijetím Božího povolání v Bibli

M1-4-2-1   Izajáš – setkání s Bohem

Izajášovo povolání začalo tím, že viděl Boha a prožil, jak Bůh odstranil jeho pocit viny. Tato zkušenost dala do pořádku jeho vztah s Bohem.[177] Když se pak Bůh zeptal: „Koho pošlu a kdo nám půjde?", Izajáš odpověděl: „Hle, zde jsem, pošli mne!"[178] Bylo to jeho setkání s Bohem, které ho vedlo ke konkrétní potřebě, již byl povolán naplnit.

M1-4-2-2   Nehemjáš – sociální potřeba, která vedla k setkání s Bohem

Nehemjáš pracoval v paláci perského krále v Babylónu. Byl jedním z potomků Židů, kteří byli odvedeni do exilu do Persie. Jednoho dne se dozvěděl o tom, v jak hrozných podmínkách žili ti, kdo se vrátili do Jeruzaléma. Mnoho dní plakal a modlil se a prosil Boha o možnost vrátit se a znovu vybudovat hradby kolem Jeruzaléma.[179] Je to úžasný příběh o tom, jak specifická potřeba ve společnosti někoho vedla k hledání Boha. Nehemjáš dostal svolení vést skupinu Židů zpět do Jeruzaléma a společně dokázali obrovskou věc – hradby znovu vybudovali za pouhých 52 dní. Později obdržel Boží povolání k tomu, aby vedl židovský lid k novému pochopení Boží vůle pro jejich životy.

M1-4-2-3   Mojžíš – překvapen Bohem

Mojžíš zažil překvapivé setkání s Bohem. V době, kdy se s ním Bůh setkal v hořícím keři, byl pro něj jeho předchozí život vzdálenou realitou. Bůh mu řekl:

[180] Exodus 3,5-6

[181] Exodus 3,10-11

[182] Numeri 13 a 14

„Nepřibližuj se sem! Zuj si opánky, neboť místo, na kterém stojíš, je půda svatá." A pokračoval: „Já jsem Bůh tvého otce, Bůh Abrahamův, Bůh Izákův a Bůh Jákobův." Mojžíš si zakryl tvář, neboť se bál na Boha pohledět.[180]

Pro Mojžíše bylo toto setkání s Bohem také setkáním se sebou samým. Když přijal povolání do služby („Nuže pojď, pošlu tě k faraónovi a vyvedeš můj lid, Izraelce, z Egypta"), podařilo se mu vyjádřit, jak se cítil, slovy: „Kdo jsem já?"[181]

M1-4-2-4 Jozue – věrně šel proti proudu

Jozue byl jedním z vyzvědačů, které Mojžíš poslal do kenaanské země, aby ji prozkoumali. Když se vyzvědači vrátili, většina Izraelců byla ochromena strachem z toho, co mohou od svých protivníků očekávat. Jozue byl ale jedním z menšiny, která se rozhodla věřit Bohu. Prostřednictvím situace, v níž se ocitl, získal vizi: Izraelci mnoho let putovali pouští a nyní bylo načase vstoupit do země, kterou jim Bůh slíbil a k níž je Mojžíš dovedl.[182]

M1-4-2-5 Pavel – setkání s Ježíšem

Saul se stal Pavlem poté, co jeho život změnilo setkání s Ježíšem. Patřil k odpůrcům následovníků Ježíše z Nazaretu a cestoval do Damašku, aby je mohl zatknout. Během cesty byl sražen na zem a konfrontován s tím, koho pronásledoval – samotným Ježíšem. Díky teologickému a praktickému vedení se Pavel stal jednou z nejvlivnějších osobností doby, kdy se formovalo rané církevní hnutí. Vše, co napsal, udělal a kázal, vlastně vycházelo z jeho zážitku na cestě do Damašku – z jeho setkání s Ježíšem.

Těchto pět zkušeností s povoláním do služby má společné tři věci. Za prvé, popisují úctu k Bohu a setkání s ním. Za druhé, vyjadřují pocit, že Bůh má v plánu něco, čemu mohou dotyční posloužit. A za třetí, úkoly jsou natolik konkrétní, že tito muži jsou schopni je nějakým způsobem realizovat ve své vlastní situaci.

M1-4-3 Proč je jasná vize tak důležitá?

M1-4-3-1 Vize v písemné podobě poskytuje informace a svobodu

Jasně artikulovaná vize je klíčová, zvláště v raných stadiích úsilí o založení sboru. Vize slouží jako pozvánka, aby se k práci připojili i jiní lidé, a dává zjednodušenou odpověď na otázku: „Jaký problém bychom měli řešit?" Vyjasnění vize pomůže lidem zjistit, zda chtějí pomoci a do jaké míry se chtějí zapojit.

Když Bůh povolal proroka Agea, řekl: „Zapiš to vidění, zaznamenej je na tabulky, aby si je čtenář mohl snadno přečíst."[183] Jinými slovy, formulace vize by měla být jednoduchá a snadno pochopitelná, aby v lidech probudila odhodlání pustit se do toho, co je před nimi. Vizi je třeba sepsat tak, aby jí bylo možné snadno aplikovat v každodenních životech lidí. Když jsem formuloval vizi pro naši službu zakládání sboru, pročítal jsem si vize a vyjádření hodnot mnoha různých sborů. Bylo mi hned jasné, že většina z nich používá „kolektivní jazyk".[184] Jen velice málo prostoru bylo věnováno „mně" či „jednotlivci". Ve světle analýzy současných společenských trendů jsme však považovali za moudré odpovědět na otázku: „Co se očekává ode *mne*?" Proto jsme prohlášení vize pro náš sbor rozdělili na tři části: vize pro život, vize pro sbor a širší vize.[185] Na základě první části jsme se chtěli setkávat s lidmi v jejich běžném životě, pomocí té druhé vytvářet pocit sounáležitosti s institucí a ve třetí části dát prostor pro další budoucí růst.

Písemná verze vize by měla mít dlouhodobý výhled. Ve sboru Salt Bergen Church jsme použili procedurální model vytvořený dr. Scottem Wilsonem, abychom dali naší vizi směr. Model obsahuje tři důležité prvky, přičemž prvním je právě vize nebo *zaslíbení*. Druhým prvkem, který vyplývá z klíčových slov obsažených ve vizi, jsou *hodnoty* církve či sboru. Tyto hodnoty určují kulturu, která bude charakterizovat sbor, a to, jak bude dosahovat svých cílů. Třetím prvkem je *proces*, což je jasné vyjádření toho, jak budou konkrétně stanoveny priority týkající se lidí a zdrojů, aby bylo možné naplnit vizi.[186] Detailněji je možné vysvětlit to takto:

VIZE: Prohlášení složené ze tří nebo čtyř vět, kterými vedoucí stanoví skupině lidí směr. Platnost je asi 20 až 30 let. Fletcher je popisuje jako „prorocký obraz toho, jak by si Bůh představoval budoucnost".

HODNOTY: Několik samostatných vět, které vycházejí z klíčových slov převzatých přímo z vize a vyjasňují ji na rovině morální a etické.

CÍLE: Konkrétní, měřitelné a dosažitelné, s jasným časovým

[183] Abakuk 2,2

[184] Malphurs, Aubrey. *Values-Driven Leadership*. Grand Rapids: Baker, 1996 (s. 174).

[185] Naše vize pro život: vést lidi k lepšímu životu tím, že budou následovat Ježíše. Naše vize pro církev: zakládat silné a stále rostoucí místní sbory, které se budou rozšiřovat do nových sítí a oblastí pomocí multiplikace našeho povolání, kultury a sborového společenství. Naše širší vize mluví o tom, že chceme být centrem inovace, přípravy a školení, aby lidé mohli najít a zaujmout místo, které pro ně má Bůh připravené, a tak pomáhat šířit Boží království v místním, národním i globálním měřítku.

[186] Wilson, Scott: *2000: Challenge of Leadership, What Leaders Do Next*. Denmark: Royal 2000 (s. 33-43).

[187] Aktualizovaný manuál vize se vydává každý rok na počátku srpna.

rámcem, kdy se má čeho dosáhnout. Cíl by měl být popsán jak kvalitativně, tak kvantitativně.

STRATEGIE: Kroky a metody, pomocí nichž bude dosaženo celkového cíle.

- » *Vize a hodnoty* přísluší týmu vedoucích a jsou duchovní, snadno pochopitelné a trvalé.
- » *Cíle a strategie* jsou záležitostí lidí. Jsou technokratické a metodologické a lze je z roku na rok měnit.
- » *Zaměření*: Většina sborů již má konkrétní zaměření, které se dá snadno objasnit pomocí sepsané vize.
- » *Identita a záměr*: Jasná vize usnadňuje lidem najít si sbor, k němuž se mohou závazně připojit.

Tento model organizačního managementu nám na úrovni vedení dobře funguje. Se stanovenou vizí a danými hodnotami jsme byli schopni vytvořit „manuál vize", který obsahuje popis toho, s čím přímo pracujeme. Každý rok vizi aktualizujeme a na formulování cílů a strategií se podílí řada vedoucích, abychom zajistili, že naše snahy povedou stejným směrem.[187]

M1-4-3-2 Vize v písemné podobě pomáhá lidem k jasnému závazku

Dobrovolnictví v Norsku prošlo v posledních letech řadou změn. Tyto změny ovlivnily také kulturu dobrovolné služby v církvi. Z naší zkušenosti vyplývá, že jasná vize lidem usnadňuje zamyslet se nad tím, k jakému závazku je zveme. Jasné „ano" může lidem také pomoci říci jasné „ne", když se opravdu nechtějí zapojit.

M1-4-3-3 Vize v písemné podobě dává jasnější obraz budoucnosti, kterou chceme vidět

Začít s tím, že víme, kam chceme dojít, je moudrá strategie. Jen málo zakladatelů sborů ví, jak bude vypadat celková vize budoucnosti, ale přesto je moudré si vyjasnit, co vidíte. Mlhavé části vize lze popsat tak, aby to u lidí probudilo zvědavost, ukázalo na možnosti a vyvolalo chuť se přidat. Robert Greenleaf říká: „Bez snu se toho moc nestane. A na to, aby se stalo něco velkého, musí být velký sen. Za každým velkým činem stál někdo, kdo měl velké sny."

Dobrým příkladem je příběh o Josefovi. Stejně jako Josefovy sny evokovaly u jeho bratrů a rodiny bouřlivé reakce, i naše sny mohou vyvolat u lidí kolem nás negativní odezvu a odpor. Je tomu tak proto, že sen je vizí o budoucnosti – nepatří do současnosti. Josef o svých snech vyprávěl svým bratrům a rodině, jako by to byla ta nejpřirozenější věc na světě, což vyvolalo prudké reakce.[188] V příběhu mu tyto sny dal Bůh a měly se stát realitou, a přesto kvůli snu, který měl nakonec zachránit izraelský lid, vznikly obrovské nepříjemnosti.[189]

[188] Genesis 37
[189] Genesis 37,45
[190] Genesis 15,5-6

Žít sen od Boha s sebou nese jisté „ostří", které oddělí příznivce člověka od jeho oponentů. Je proto moudré vyjádřit sen dostatečně jasně, aby se lidé mohli snadno rozhodnout, na kterou stranu se postaví.

Motivace lidí, kteří se chtějí zapojit do týmu pro založení sboru, bývá různá. Mnoho lidí se vrhá do projektů zakládání sborů proto, že se bojí, aby jim něco „neuteklo". Jiní se přidávají, protože se zapojili jejich přátelé a příbuzní, další si *předtím*, že se zapojí, udělají průzkum, aby zjistili, co by takový závazek ke službě znamenal. Máte-li kolem sebe lidi, do nichž investujete spoustu času a sil, ale kteří nesměřují ke stejné vizi budoucnosti jako vy, je to velice náročné. I když dočasně přispívají svým nadšením a energií, je jen otázkou času, než se budete muset rozejít. Může to být bolestivé jak pro ty, kdo odcházejí, tak pro ty, kdo zůstanou. Proto je naprosto zásadní (a osvobozující), abyste už na začátku jasně ukázali, kam chcete v budoucnu dospět.

M1-4-3-4 Vize v písemné podobě dává stálou motivaci a inspiraci

Sen dodává sílu na cestu k cíli. Abram si ve svém zoufalství nad tím, že nemá syna, stěžoval Hospodinu. Bůh mu řekl, aby vyšel ven a spočítal hvězdy. Výsledkem tohoto nemožného úkolu bylo, že Abram uvěřil Hospodinu.[190] Sen, který odhaluje konečný cíl, poskytuje v průběhu cesty stálou motivaci a inspiraci, protože je utkán z povolání člověka, víry a jazyka jeho srdce. Vedoucí by měl být schopen komunikovat vizi tak, že se stane zdrojem motivace a inspirace pro ostatní. Jak se to dělá, to si probereme později.

M1-4-3-5 Vize nutí lidi rozhodnout se

Účelem vize je shromáždit skupinu pracovníků, kteří stanovený cíl změní v realitu. Zásadním kritériem je to, aby ti, kdo se rozhodnou připojit se k této cestě, bezvýhradně důvěřovali *motivům* vedoucích, *metodám*, které mají být použity, a *modelu*, jímž se bude skupina řídit.

Především je důležité, aby pracovníci důvěřovali *motivům* člověka nebo lidí, kteří práci vedou. Křesťanské vedení je náročné. Od těch, kdo na svých bedrech nesou

[191] Viz Titovi 2.

tuto zodpovědnost, se hodně očekává. Kromě vnějšího hodnocení schopností vedoucích a zásad jejich života jsou tu i různé názory lidí ohledně motivů, které má člověk pro vedení práce.[191] Interpretace motivů vedoucího je do značné míry ovlivněna kulturou sboru, který se zakládá. Kultury orientované na kariéru mohou vedoucího vidět jako člověka, který se chce realizovat prostřednictvím projektu zakládání sboru. V hierarchicky orientovaných kulturách může být vedoucí vnímán jako někdo, kdo usiluje o moc a vliv. V konečném důsledku je důležité, aby vedoucí dostal příležitost odhalit své motivy prostřednictvím svého vedení, které potvrdí integritu jeho motivů.

Za druhé, je důležité, aby pracovníci měli víru v *metodu* zvolenou pro budování sboru nebo církve. Existuje mnoho různých metod, které lze použít, ačkoli všechny obvykle odrážejí základní hodnoty křesťanského učednictví. Metoda je vyjádřením „způsobu práce" dané služby a je nezbytné, aby byla všem jasná, což umožní shromáždit do týmu lidi, kteří mají podobné priority. Lidé se snadno dokážou dohodnout na tom, kam chtějí jít, ale ne vždy se shodnou na tom, jak se tam dostat.

Třetí prvek, na němž se musíte sjednotit, je *model*, který si pro budování sboru vybrat. Existuje spousta forem a modelů sborů, jež dobře fungují, ale je nezbytné, aby se společenství dohodlo na tom, že bude používat stejný „recept". Když objasníte rozdíly mezi pracovními schůzkami, sbory v rámci rodin, sbory zaměřenými na hledající, sbory založenými na skupinkách atd., pomůžete lidem pochopit tyto varianty a rozhodnout se. V západních společnostech, založených na možnostech volby, se objevuje celé „tržiště" modelů sborů, podle nichž se lidé mohou orientovat. Nebezpečí tohoto „tržiště modelů" je právě v tom, že je to *tržiště* – tržiště, které vede k tomu, že se z křesťanů stávají „konzumenti modelů". Moje zkušenost ukazuje, že vzory chování zaměřené na spotřebitele vedou k neplodným postojům a názorům, jež mohou nakonec vést lidi k pasivnímu postoji vůči církevnímu životu. Příliš mnoho možností může skončit ztrátou celé koncepce sboru či církve. Církev není stvořena pro to, aby fungovala podle tržních principů, a proto bude za těchto podmínek trpět.

M1-4-3-6 Vize pomáhá lidem k vykazatelnosti vůči směru a vizi budoucnosti

Jasně sepsaná vize je jako popis práce, který platí za všech okolností. Poskytuje církvi hluboký „kýl" pro plavbu neklidnými vodami a napjaté plachty v dobách, kdy máte spoustu energie. Proto je důležité dbát na to, aby co nejvíce lidí ze základního týmu přijalo vizi za vlastní. Důležité to je z několika důvodů:

Za prvé, skutečným nebezpečím pro všechny organizace je *odklon od poslání (mission drift)*. Tento pojem popisuje podvědomý proces, který organizaci odvádí od jejího původního úkolu. Když před námi stojí výzvy a příležitosti, je snadné hledat krátkodobá řešení a ztratit přitom ze zřetele dlouhodobý cíl. Mimořádně zjevné to může být v misijní práci, kde je k dispozici přístup k významnému finančnímu kapitálu v rámci misijních organizací věnujících se humanitární práci. Na první pohled to může vypadat jako skvělá příležitost, jak zvýšit efektivitu humanitární stránky misijní práce. Může to však často vést k tomu, že původní cíl přestane být prioritou. Ve službě zakládání sborů může k odklonu od původní vize zakládání sboru vést změna ve věkové skupině, v demografii místní oblasti nebo různé konflikty v týmu.

Za druhé, vedoucí, kteří při dosahování svého cíle narážejí na problémy, se mohou octnout v pokušení „posunout cíl", místo aby zůstali vykazatelní vizi, která tvoří základ práce. Viditelná a sepsaná vize je přirozeným nástrojem pro opravu nesprávného směru a vede jak vedoucího, tak sbor k zodpovědnosti za rozhodnutí, priority a úspěchy.

Za třetí, když jmenujete nového vedoucího, je zde reálná šance, že se spolu s ním změní i vize. Je proto prospěšné, aby vize měla v rámci základní skupiny co nejširší možný základ, takže potenciální nový vedoucí, který bude pro nový sbor získán, bude moci pracovat v souladu s původní vizí. V této oblasti existují v rámci různých tradic různé kultury a faktory stylu vedení, které budou pro výsledek určující. Ve stadiu, kdy se mění nebo upravuje vize, existuje reálné nebezpečí, že členové týmu, kteří začali pracovat na základě staré vize, budou tu novou pociťovat jako něco cizího. Je proto důležité, aby vize zůstala jako vodítko a obraz budoucnosti. V určitých situacích se musí uvažovat o změně, ale v takovýchto případech je důležité, aby se *nejdříve* změnila vize a teprve pak se začalo pracovat na změně charakteru služby.

M1-4-4   Jak přijmout vizi za svou

M1-4-4-1 Sdílené poslání – místní vize

Velké poslání se týká všech křesťanů – ale vize pro jeho realizaci se musí *lokalizovat*. Každá služba zakládání sborů by měla formulovat vlastní vizi tak, aby se pro ni členové týmu nadchli. Dobrá vize se dotýká srdce, je přitažlivá a plná nadšení. A na rozdíl od většiny klubů, firem a organizací je zde navíc kritérium, že vize musí mít hluboký základ v křesťanské víře. Dobrá vize sboru je spojena s posláním, které má Bůh pro svět: *Missio Dei*.

Místní vize by měla odpovídat na otázku „Na jakém problému budeme pracovat?" Vize sboru Salt Bergen Church je výsledkem naší touhy být církví pro dnešní lidi. Chtěli jsme svůj duchovní život formovat nezávisle na běžném denominačním životním stylu. Naše diskuse tedy se tedy zabývaly otázkami typu „Máme-li se stát členy nějaké církve, jaký druh církve by to měl být?" „Co musíme jako křesťané udělat, abychom současnému Norsku přinesli pozitivní změnu?" „Jak v takovémto sboru vypadá normální týden, měsíc a rok?" „Co musíme udělat, aby nás lidé začali vidět jako ty, kteří jsou *ve* světě, ale ne *ze* světa?" Tyto a další otázky nám pomáhají propojit náš sborový život s našimi každodenními životy a umožňují lidem přivlastnit si vizi sboru.

M1-4-4-2 Hluboké kořeny a teologické základy

Při vytváření dobrého základu pro službu zakládání sborů vyšel sbor Salt Bergen Church ze čtyř pilířů rané církve, jak jsou uvedeny ve Skutcích 2,42-47 – věřící se drželi Božího slova, měli společenství, lámali chléb a modlili se. To nám umožňuje „dívat se na ranou církev" a zůstat v „dobré společnosti letniční tradice".[192] Přidali jsme ale ještě pátý pilíř, takže formulace vize našeho sboru vypadá takto: *Boží slovo, společně, poslání, blízký kontakt* a *změna*. Tím, že zdůrazňujeme tyto základní pilíře, vytváříme styčný bod mezi prioritami rané církve a motivováním našeho vlastního sboru k tomu, aby je praktikoval v běžném životě.

Karl Inge Tangen předkládá model pro postmoderní sbory, který upozorňuje, jaký efekt má zdůrazňování základních pilířů.[193] Model klade důraz na čtyři základní *praktické postupy*, k nimž se musí každý jednotlivec osobně postavit: 1) *narativní vize,* která se zaměřuje na Boží slovo; 2) *praktická dynamika*, která se soustřeďuje na misijní poslání; 3) *rozvíjení vztahů* s důrazem na společenství; a 4) *spiritualita*, která se zaměřuje na otevřenost vůči duchovní dimenzi. V centru všech těchto věcí nalézáme postmoderního individualistu, který se sám rozhoduje ohledně osobního zapojení do církve. Jinými slovy, stupeň angažovanosti člověka je záležitostí *vedení sebe sama*. Právě toto vedení sebe sama určuje, nakolik si je jednotlivec vědom otázky: Jak a proč se jako křesťan rozhoduji?

Alan Hirsch ve své knize *The Forgotten Ways* (Zapomenuté cesty) představuje pojem „apoštolský duch": systematické propojení mezi mnoha faktory, přičemž díky tomuto propojení vzniká hnutí růstu.[194] Tuto myšlenku v knize rozebírá

[192] Ski, Martin: *Fram til Urkristendommen, Pinsevekkelsen gjennom 50 år.* Oslo: Filadelfia-forlaget, 1957 (s. 134).

[193] Tangen, Karl Inge: *Ecclesial identification beyond transactional individualism? A case study of life strategies in growing late modern churches.* Dizertační práce PhD, Oslo, MF Norwegian School of Theology 2009 (s. 226).

[194] Hirsch, Alan: *The Forgotten Ways.* Grand Rapids: Brazos, 2006 (s. 24-25).

z různých stran, ale všechny uvedené faktory umisťuje do jednoho centra s nadpisem „Ježíš je Pán".[195] Míra angažovanosti postmoderního individualisty do církevního života a hnutí růstu bude podle Hirsche záviset výhradně na tom, do jaké míry se ve svém životě podřídí Ježíšově vládě.

[195] Hirsch, s. 26.

M1-4-4-3 Zdravé zaměření

Vize musí být relevantní, takže ji lidé, kteří se vůči ní mají zavázat, budou považovat za důvěryhodnou. Křesťanské církve si vytvářejí vlastní způsob formulování vize. Je smutné, když vidíme tolik sborů, které si sepisují prohlášení víry, jež jsou sama o sobě zcela oprávněná, ale chybí jim schopnost motivovat. Lidé se chtějí dozvědět, jak může vize změnit jejich život, jejich okolí a jejich zkušenosti s plněním velkého poslání.

M1-4-4-4 Budování víry

Lidé, kteří přijmou vizi za svou, musí cítit, že „když ji naplníme, změníme náš svět". V západních společnostech, založených na možnosti volby, se člověk snadno ztratí v obrovském výběru z nabídek a alternativ. Vize proto musí komunikovat pocit ujištění, že křesťanské učednictví bude mít vliv na svět. V průběhu času směr vize lidem pomůže prakticky ji realizovat v životě, což zase naopak pomůže realizovat vizi. Ralph Emerson je autorem slavného citátu: „Začněte jednat a budete mít sílu." Společnost Nike to zjednodušila na slogan „Just do it" (Prostě to udělej), ale myšlenka je pořád stejná: když „to děláš", míříš správným směrem.

M1-4-4-5 Systematický management vize

Za management vize zodpovídá vedení sboru. Moudrý způsob, jak k tomu přistupovat, spočívá v tom, že si uvědomujeme, jak se vize udržuje živá v různých sférách vlivu sboru. Nejprve by ji měl přijmout základní tým vedoucích, po něm členové sboru a pak musí být přitažlivá pro lidi mimo církev.

Jádrem sboru je tým vedoucích. Tito vedoucí pracují při svém plánování s různou časovou perspektivou, neustále poměřují, zda jsou či nejsou v souladu s vizí církve. Jak bylo řečeno již dříve, sbor v Bergenu vytvořil manuál vize, který objasňoval, jak všechny oblasti služby společně přispívají k dosažení společného cíle. Vysvětlujeme takové věci jako náš pohled na bohoslužbu, kulturu sboru založenou na týmech, poslání a misii. Každoroční revize, která se dělá ve spolupráci s jednotlivými vedoucími, zajišťuje pravidelnou aktualizaci vize, přizpůsobení směru a to, že se budeme držet našich základních hodnot. Každý má za úkol myslet čtyři roky dopředu a detailně plánovat další čtyři kvartály roku. Tímto způsobem je zajištěno, že dokonce i ti vedoucí, kteří by sami sebe nepopsali jako vizionáře, budou mít možnost udělat si alespoň jednoduchou představu o tom, co je může čekat.

Církev se skládá z mnoha různých lidí, kteří jsou v ní do různé míry zapojeni. Křesťanští vedoucí se mohou velmi snadno začít zabývat svou vlastní perspektivou a podcenit rozdíly mezi svými názory a realitou života jiných lidí. Naše zkušenost ukazuje, že vizi je potřeba komunikovat prostřednictvím spousty různých kanálů, aby bylo zajištěno, že poselství zůstane ve sboru živé a bude se rozvíjet. Důležitým kanálem, jak komunikovat vizi sboru, je kázání. Záleží na tom, jak daleko dopředu kazatelé plánují své vyučování, ale rozhodně je přínosné uvědomit si, jak lze kázání využít k podtržení rozhodnutí, hodnot a profilu církve či sboru, které společně objasňují vizi. Je však také důležité tvořivě pracovat na tom, aby se předešlo opakování, které v posluchačích vyvolává pocit, že už to všechno slyšeli, a vede k lhostejnosti vůči vizi. Musíme se hodně snažit najít nová slova, ilustrace a příběhy, abychom vytvořili nové přístupy ke sdílení vize.

Při komunikaci vize se osvědčují i sborová média. V našem sboru v Bergenu pouštíme před každými bohoslužbami na velké obrazovce film, který prezentuje naši vizi a účel naší existence. U kázání a vyučování, jež vydáváme ve formě podcastů, Mp3 a CD, začínáme tím, že říkáme, kdo jsme a jaký účel má to, že existujeme jako sbor. Zjistili jsme také, že pro předávání důležitých informací jsou užitečné atraktivní webové stránky.

Nejlepším a nejjasnějším způsobem, jak komunikovat vizi, je dobrý příklad. To, čeho chcete dosáhnout, ilustrujte pomocí příběhů lidí, kteří se mohou sdílet o tom, jak žijí. Můžete je tak používat jako příklady správného rozhodování a stanovování priorit. Pokud například chcete vybudovat kulturu sboru založenou na vztazích, povzbuzujte jeho členy, aby otevřeli své domovy, pozvali další lidi do svého života a rostli v pohostinnosti. Hodnoty sboru, jako je investování našeho času, prostředků a služby do životů ostatních, budou nejlépe vidět na příkladech lidí, kteří tyto věci opravdu *dělají* – jednají jako dobré vzory pro druhé. Podobné příběhy a osobní svědectví mohou sbor „rozjet" ve směru vize. Ale aby se to mohlo stát, potřebujeme mít ve sboru „kulturu zpětné vazby", abychom se o těchto příbězích mohli dozvědět. My to děláme tak, že povzbuzujeme lidi, aby své příběhy vyprávěli na setkání skupinek i ostatním lidem ve sboru.

A konečně je důležité postarat se o to, aby se vize dostala k těm, kdo jsou na vnějším okraji vlivu církve: k těm, kteří církev jen pozorují zvenčí a třeba ještě neuvažovali o tom, zda mají či nemají zájem. Jaký jazyk použijete, abyste svou vizi sdělili i jim? Jak můžete svou vizi komunikovat vizuálně? Které další komunikační kanály můžete použít? Jak prezentujete církev, když jednáte s médii? To vše dohromady může vytvořit pověst církve, která překračuje všechny bariéry a předsudky, jež lidé mohou vůči církvi mít.

M1-4-5 Jak rozvíjet vizi

Během plánování jednotlivých fází vzniku bergenského sboru mi ostatní vedoucí poskytli hodně volnosti, abych mohl pracovat na jeho vizi. V naší církevní tradici je běžné mít vizi a jsem vděčný, že jsem k její tvorbě dostal volnou ruku. Nebylo to pro mě nijak těžké, protože jsem byl primárním nositelem vize a její jádro je velice blízké mému srdci. Hlavní vedoucí nemusí být nutně „architektem" stojícím za vizí, ale tento úkol by měla realizovat omezená skupina vedoucích, kteří se sejdou výhradně za účelem rozvoje vize.

Vzor pro to, jak lze formulovat vizi, hodnoty a strategie, nám dává *procedurální model*. Je to skvělý a holistický model zahrnující křesťanské ctnosti, které fungují jako kontrola kvality výsledného produktu. Model se používá ve velkém počtu sborů a organizací (viz výše). Jde o poměrně složitý proces, ale zmíním se alespoň zjednodušeně o prvních krocích.

» Prvním krokem je odpovědět na otázku: „Jaké jsou naše sny?" Ať už na ni odpoví jeden vedoucí nebo tým vedoucích, je zcela zásadní, aby tento proces jasně reprezentoval hluboce pociťované přesvědčení, co tento vedoucí či tým chce vidět. V této fázi není nutné věnovat formulaci mnoho energie, hlavním bodem je mluvit o všem otevřeně.

» Druhým krokem je redukovat text materiálu, který jste vytvořili v prvním kroku, zhruba na půl stránky.

» Třetím krokem je formulovat tři nebo čtyři formální věty, které zahrnou spoustu obsahu, a napsat je tak, aby se snadno pamatovaly. V této fázi bude asi dobré požádat někoho, kdo se umí dobře vyjadřovat, aby vám s formulací těchto vět pomohl.

Ve světle toho, co jsme zmínili již dříve, dodejme, že vize by měla odrážet opravdové, upřímné a z víry pramenící nadšení. Její text musí obsahovat vědomí směru, naději do budoucnosti i snahu odrážet to, kým jako zakládající tým jste. Pokud se vám srdce rozbuší rychleji, když vizi uslyšíte, pak jdete správným směrem!

Doporučuji, abyste si zvolili nějaký model – podobný tomu, který jsem zde představil – a pustili se do procesu formulování vize, která by vám pomohla vaši práci dobře „odstartovat".

M1 - 5

Od slov k činům

Jsme přesvědčeni, že následující text je jednou z nejdůležitějších částí této knihy. Obsahuje otázky a cvičení jak pro jednotlivce, tak pro ty z vás, kdo pracujete v týmu. Ke každému z hlavních témat uvádíme též řadu případových studií (kazuistik). Na konci knihy najdete hodnotící škálu pro všechna cvičení i seznam učebních cílů, které jsme pro každé z témat stanovili. Pokud se chcete dozvědět více, můžete si prostudovat seznam doporučené literatury a zamyslet se, zda byste si nechtěli objednat některou z knih k dalšímu studiu.

Cvičení pro jednotlivce, úkoly pro tým a případové studie jsou specificky zaměřené na každé z podtémat knihy. Lze je využít k vyvolání diskuse během setkání týmu. Pokud je použijete tímto způsobem, bude důležité, aby se každý člen týmu připravil a materiál si prostudoval předem.

Úplně na konci této části najdete hodnotící škálu a učební cíle. Když si je budete procházet, můžete si zmapovat své pokroky: Děláme to, co je doporučeno, nebo je to pro nás jen akademická záležitost? Pracujeme v zamýšleném směru této kapitoly? Tímto způsobem budete schopni zhodnotit, jak postupujete ve srovnání s učebními cíli každé kapitoly.

M1-5-1 Ke kapitole M1-1: Bůh a jeho všemohoucnost – Øivind Augland

M1-5-1-1 Týmové cvičení 1

Využijte jedno ze setkání se svým týmem ke sdílení o tom, jaké máte sny o založení nového společenství. Před setkáním si prosím přečtěte stránky týkající se Božího snu z kapitoly 1.1.3. Až si o svých snech povíte, věnujte 30 - 45 minut modlitbě a Bohu. Naslouchejte tomu, kdo je Pánem církve, a dejte mu možnost mluvit k vám ve vaší situaci a dát vám povzbuzení a vedení.

M1-5-1-2 Týmové cvičení 2

Vyhraďte si jeden nebo dva večery na to, že si budete navzájem vyprávět svá svědectví. Použijte níže uvedené nebo podobné otázky, abyste ostatním členům týmu pověděli svůj příběh. Pokaždé, když někdo své svědectví dokončí, se kolem tohoto člověka shromážděte a modlete se za něj, naslouchejte, jestli mu Bůh nechce něco říct do jeho situace. Osobní svědectví bude pravděpodobně obsahovat následující prvky:

- » Kdy ses poprvé setkal s Ježíšem?
- » Kteří lidé měli největší vliv na tvůj život – a proč?
- » Jak Bůh ovlivňoval tvůj život a jak tě vedl?
- » Kterou zkušenost považuješ ve svém životě za nejdůležitější a proč?
- » Co pro tebe dnes znamená následování Ježíše?

M1-5-1-3 Týmové cvičení 3

Během následujících tří měsíců bude váš tým mít za úkol najít si deset až patnáct modlitebních přímluvců, kteří se budou pravidelně modlit za práci, již začínáte. Udělejte si čas, abyste naslouchali Bohu, a napište si jména lidí, o nichž se domníváte, že by se tohoto úkolu rádi ujali. Přemýšlejte, jak je o to požádat, jak dlouho by se měli za práci modlit a jak budou dostávat informace o tom, zač se mohou modlit.

M1-5-1-4 Cvičení pro jednotlivce

- » Napište si své osobní svědectví, které vám pomůže připravit se na to, že ho povíte týmu.
- » Napište si, jaké sny a představy máte o společenství, které se chystáte založit. Jaké další sny máte na srdci?
- » Co pro vás znamená, že je Bůh všemocný?
- » Jak jste zažil Boží moc? Podařilo se vám najít lidi, kteří se budou modlit za váš základní tým? Kolik jste jich našel a jak s nimi budete komunikovat?
- » „V počátečních stadiích služby zakládání sborů bude váš život a závazek ovlivňovat kulturu nového společenství a na dlouhá léta ji formovat." Co si o tomto tvrzení myslíte?

M1-5-1-5 Případová studie 1

Carlovi a Ritě je 28 let a svou denominací byli pověřeni, aby vedli nový tým pro zakládání sboru v jednom městě ve Skandinávii, kde žije asi 10 000 lidí. Oba v tomto městě vyrostli a už dlouho vnímají, že je Bůh volá, aby zde založili sbor. Nyní chodí do sboru, který je připraven je vyslat. Mají k dispozici tým třinácti mladých lidí. Pocházejí z různého prostředí, ale všichni vyjádřili touhu založit něco nového. Na prvním oficiálním setkání týmu Carl a Rita vyprávějí o Božím snu založit nové společenství. Pak členy týmu vyzvou, aby se podělili o sny, které mají oni. Během času pro sdílení několik členů vyjádří nespokojenost a kritický postoj vůči svým původním společenstvím a sborům. Rozhodně se těší, že se v budoucnosti stanou součástí něčeho lepšího. Carl a Rita nemají dobrý pocit z toho, jak se mluví o jiných sborech, a nejsou si jisti, jak by měli na tuto situaci reagovat.

Popište, co byste v této situaci dělali vy, kdybyste byli na místě Carla a Rity.

Proč byste tuto situaci řešili právě tím způsobem, který popisujete?

Opíráte své důvody o nějaké biblické zdůvodnění?

M1-5-1-6 Případová studie 2

Peter už více než rok vede tým zakládající nový sbor. Jeho duchovním darem je evangelizace. Když zakládal nové společenství, opravdu se těšil, až bude s týmem chodit ven, aby se tam setkával s lidmi a říkal jim evangelium. Již předtím zažil, jak úžasným způsobem působí Boží moc. Několik let se věnoval pouliční evangelizaci, modlil se za lidi, viděl řadu uzdravených lidí a proměněných životů. Ale teď, po roce práce, jeho frustrace roste. *Oslovili* nové lidi, vytvořili základní tým osmi lidí a mají více než 20 dospělých rozdělených do tří skupinek. Všichni členové základního týmu slouží i ve skupinkách a věnují se práci s novými členy. Přesto Peter na jednom z nedávných setkání základního týmu vybuchl: měl pocit, že týmu nijak zvlášť nezáleží na evangelizaci mimo společenství. Bál se, že se z nich zakrátko stanou introverti, a podle jeho soudu ztratili ze zřetele Boží lásku ke ztraceným lidem a touhu oslovat je. Modlitební procházky po okolí, které dělali během prvních šesti měsíců, prakticky skončily. Peter se obával, že se z nich stane jen příjemný „klub" a že nebudou myslet na nikoho jiného než na sebe.

Jak byste analyzovali výše popsanou situaci?

Kdybyste měli Peterovi a jeho základnímu týmu v této situaci něco poradit, co byste jim řekli?

M1-5-2 Ke kapitole M1-2: Zakladatel sboru – Øivind Augland

M1-5-2-1 Týmové cvičení 1

Každý zakládající tým si pro svou službu volí nějakou formu nebo model, ať už si to uvědomuje nebo ne. Jak chcete, aby váš sbor vypadal? Jak by měl podle vašich představ vypadat za 3 - 5 let? Kde se používá stejný model či modely? Byl by váš tým ochoten cestovat, aby se učil od jiných něco, co by mohlo být důležité pro jeho službu? Co by vašemu týmu prospělo?

M1-5-2-2 Týmové cvičení 2

Projděte si společně otázky týkající se charakteristik zakladatele sboru. Zamyslete se nad nimi ve vztahu k vlastnímu životu a najděte konkrétní příklady chování, které jsou v těchto otázkách popsány. Cílem není vyvolat pocit selhání. Nikdo nikdy nemá dokonalé výsledky u všech otázek. Účelem je pomoci zamyslet se nad jednáním, které je obecně nutné ve všech službách zakládání sborů, zvláště co se vedoucího týče. Co myslíte, proč lidé, kteří uvedené otázky sestavovali, považovali tyto oblasti za důležité? Souhlasíte s tím, že jsou důležité? Myslíte, že by se měly přidat další oblasti?

M1-5-2-3 Týmové cvičení 3

Ať už jste vedoucím nebo členem týmu, položte si tuto otázku: Komu jsem ve svém životě vykazatelný? Jako vedoucímu týmu bychom vám doporučovali, abyste si domluvil setkání s člověkem, kterému byste chtěli být během doby, kdy povedete službu zakládání sboru, vykazatelní. (Pro některé z vás to bude člověk z denominační struktury, do níž patříte.) Dohodněte se s lidmi, kterým jste vykazatelní, na tom, kdy a jak často se budete setkávat, co budete považovat za důležité náměty k rozhovoru a jaké cíle budete pro setkání mít. Věnujte také čas rozhovoru o svém osobním závazku (čas, prostředky a duchovní dary), co se zakládání nového sboru týče. Jak podle vašeho názoru funguje závazek, který máte jedni vůči druhým v týmu?

M1-5-2-4 Cvičení pro jednotlivce

» Projděte si „charakteristiky zakladatele sboru" a ohodnoťte se. Zamyslete se nad konkrétními situacemi, kdy se projevilo uvedené jednání.

» Jak byste popsali své povolání být součástí zakládání nového společenství? Jak k němu došlo?

» Potvrdili vaše povolání i jiní lidé?

» Věnujte čas modlitbě a také rozhovoru s lidmi, kteří jsou vám nejbližší (manželský partner a rodina, pokud je máte), ohledně závazku, který máte vůči společenství, jež se chystáte založit.

» Máte v životě někoho, s kým máte otevřený a vykazatelný vztah? Kdo to je? Uveďte jména: _____ Pokud vaše odpověď zní ne, co byste mohli udělat pro to, abyste si našli někoho, komu budete vykazatelní?

M1-5-2-5 Případová studie 1

Tim má už nějaký čas vizi ohledně založení sboru. Sní o tom, že založí sbor, který bude relevantní pro jeho generaci – sbor, který dokáže oslovit dvacátníky a třicátníky. Posledních pět let pracuje jako pastor pro mládež v místním letničním sboru a jeho skupina mládeže opravdu roste. Sbor sám má asi stoletou historii a v neděli ráno chodí na bohoslužby průměrně 150 lidí. Sbor se nalézá v univerzitním městě se zhruba 150 000 obyvateli. Vedení sboru téma zakládání sborů už nějaký čas probírá, ale několik vedoucích stále pochybuje, zda je potřeba založit ve městě další letniční sbor. Vedení ví o Timově životním povolání, ale situaci považuje za složitou. Tim nakonec dostane od vedení zelenou, aby dal dohromady základní tým, který by založil nový sbor – vedení totiž dospělo k závěru, že stávající sbor dokáže oslovit jen velice málo z 6 000 studentů, kteří ve městě studují. Takže Tim se pustí do práce a začne dávat dohromady základní tým. Plánuje, že asi rok bude věnovat rozvoji základního týmu, aby měl asi 30 - 40 lidí, než se pustí do řady dalších programů. Je si vědom toho, že vedoucí vytvářejí kulturu sboru a že potřebují už od začátku spolu trávit čas, aby vybudovali základy pro tuto kulturu.

Během jednoho setkání týmu vypráví Tim o své vizi pro budoucnost a o modelu sboru, který našel, aby této vize dosáhl. Chce vytvořit relevantní bohoslužbu, která dokáže oslovit tuto generaci. Je si také vědom významu menších skupin. Bude to tedy sbor s moderním a relevantním vyjádřením, kde budou lidé moci také zažívat blízké a vřelé vztahy s ostatními. Tim si představuje, že poté, co zhruba během prvního roku vybuduje základní skupinu v počtu kolem 30 - 40 lidí, se pustí do pořádání bohoslužeb s cílem oslovit dvacátníky a třicátníky mezi studenty ve městě. Když Tim skončil vyprávění o své vizi, zaznělo několik otázek: „Proč se tolik soustřeďovat na bohoslužbu? Vždyť je to všechno o vztazích, ne? Neměli bychom ve městě jen budovat organičtější hnutí skupinek, které proniknou mezi studenty? Proč se prostě nezaměřit na menší skupinky, které se budou přirozeně rozrůstat a reprodukovat? Pořádání bohoslužeb si vyžaduje spoustu času, peněz a zdrojů!" Zvláště dva členové základního týmu se k těmto věcem vyjadřovali velmi ostře a v místnosti bylo cítit napětí. Tim má pocit, že oni vidí něco jiného než on a mají jiné představy o tom, jak by měl sbor vypadat. To, co je slyší říkat, není v souladu s tím, co vidí a slyší od Boha on sám.

Co by měl Tim jako vedoucí v této situaci udělat?

Co byste udělali, kdybyste se dostali do podobné situace?

Diskutujte o tomto výroku: „Když se rozhodnete založit nové společenství, je model podružný. Nejdůležitější je, abyste trvali na rozhodnutích, která jste učinili. Držte se zvoleného modelu a dovolte, aby vaše práce byla utvářena důsledky vašich rozhodnutí."

M1-5-2-6 Případová studie 2

Patrick a Tina jsou manželé a už dva roky vedou tým zakládající nový sbor. Společenství nyní tvoří skupina 30 dospělých a 25 dětí. Mnoho lidí bylo spaseno. Patrick je kromě toho zaměstnán na plný úvazek a Tina pracuje na částečný úvazek. Mají tři děti a před rokem se přestěhovali do místa, kde nový sbor zakládají. Pracovali s plným nasazením a teď už se cítí hodně vyčerpaní. Když začínali, věnovali spoustu času modlitbě – a trávili hodně času společně. Během posledních měsíců se ale společně nemodlili, s výjimkou setkání vedoucích. Mají pocit, že o tom nemohou říct týmu vedoucích – bojí se, že by to mohlo být demotivující. Když před dvěma roky práci začínali, byli vyzváni, aby si našli někoho, s kým by se mohli jako pár setkávat a komu by byli vykazatelní jak za svůj osobní život, tak za rozvoj služby. V té době šlo všechno hladce, a tak si mysleli: „Proč bychom někoho takového měli potřebovat?" Nyní nemají sílu hledat pomoc zvenčí, ačkoli hluboko uvnitř vědí, že by to bylo správné. Patrick a Tina dokonce začali pochybovat o tom, jestli opravdu byli povoláni k založení sboru. Možná se do ničeho takového neměli pouštět – a třeba by neměli ani pokračovat.

» Jste na návštěvě v novém společenství Patricka a Tiny. Patrick a Tina se vám svěří s tím, jak vidí svou situaci.

» Jak byste k nim přistupovali?

» Co by podle vás měli správně udělat? Proč si to myslíte?

» Jaké poučení si z tohoto příběhu můžete vzít ve vztahu ke službě zakládání sboru, v níž jste zapojeni?

M1-5-3 Ke kapitole M1-3: Budování základního týmu – Terje Dahle

M1-5-3-1 Týmové cvičení 1

Základní tým vytváří kulturu vznikajícího společenství. Způsob, jak spolu jednáte, a věci, které děláte jako tým, jsou důležité. Udělejte si plán na příštích šest měsíců s cílem vytvořit silný a dynamický tým pro službu zakládání sboru. Na jakých konkrétních věcech musí váš tým pracovat? Proč jsou tyto věci důležité? Stanovte si tři nebo čtyři konkrétní cíle, které budete považovat za natolik důležité, že se jich budete snažit dosáhnout. Naplánujte si další kroky, jež budou vycházet z těchto cílů.

M1-5-3-2 Týmové cvičení 2

Výzvy, s nimiž se při zakládání nového společenství setkáváme, se mohou u jednotlivých týmů lišit. Položte si v základním týmu otázku: Jakým třem největším výzvám budeme v následujícím roce v základním týmu čelit? Přemýšlejte společně a hledejte způsoby, jak se na tyto výzvy připravit.

M1-5-3-3 Týmové cvičení 3

Hodnoty jsou věci, které pro nás mají nějakou cenu. Svůj původ mají v Bohu a v tom, kým je. Vedou nás při rozhodování, když čelíme výzvám. Vytvářejí normy a standardy toho, jak jednáme jako jednotlivci i kolektivně. Určují to, jakým způsobem pracujeme a sloužíme. Naše hodnoty a činy se propojují a vytvářejí konkrétní *zvyky* a *praxi* toho, co děláme ve společenství. Naše hodnoty se odrážejí v tom, kým jsme, a dají se v nás rozpoznat. Je důležité, aby všichni v týmu týmové hodnoty znali a žili v souladu s nimi. Týmová rozhodnutí založená na společných hodnotách se vyznačují integritou. Hodnoty se stávají standardem, který používáme – nepoměřujeme jimi jen jiné, ale i sami sebe, svou praxi a rozhodnutí. Hodnoty nás chrání před krátkodobými řešeními a zkratkami, které by porušovaly to, na čem se tým dohodl. Tímto způsobem jsou naše hodnoty nejen slovy, ale stávají se praxí našeho společenství, dokonce se dá říct *identitou* tohoto společenství.

» Jaké hodnoty a praxi má váš tým a vy osobně?

M1-5-3-4 Cvičení pro jednotlivce

» V čem jste největším přínosem pro tým při vytváření sborové kultury, která se vyznačuje otevřeností a upřímností?

» *Otevřenost v komunikaci:* V části, která se tímto tématem zabývá, najdete šest oblastí, jež jsou důležité pro dobrou komunikaci v týmu. Zamyslete se nad těmito šesti oblastmi a položte si otázku: Jak mohu napomoci tomu, abychom se v týmu naučili dobře komunikovat?

» V týmu máme *funkci*, ne *pozici*. Svými dary máme sloužit vyššímu účelu. Rozumíte sami sobě a duchovním darům, které máte? Sloužíte svými dary – našli jste si své místo v týmu? Pokud ne, co s tím můžete udělat?

» Napětí a konflikty jsou normální všude tam, kde žijete s druhými v blízkém vztahu. Co můžete udělat, když vás někdo v týmu hluboce zraní?

M1-5-3-5 Případová studie 1

Tým osmi lidí – tři manželské páry a dva svobodní – byl vyslán, aby založil sbor na relativně novém sídlišti v jednom městě v Norsku. Vedoucí týmu, manželský pár Flynn a Pamela, jsou vysoce motivovaní lidé, kteří šest let pracovali na základně YWAM v Mexiku, než se přestěhovali do Norska. Během roku v oblasti navázali kontakt s mnoha lidmi a viděli, jak se odehrálo hodně dobrých věcí. Účastníků pravidelných shromáždění však nijak zvlášť nepřibylo.

Když se s nimi sešel poradce týmu, aby zhodnotil jejich první rok, měl dojem, že mezi nimi není moc dobrá spolupráce: někteří členové týmu mluví o tom, že by se přestěhovali, zatímco Flynn a Pamela si stěžují na to, že ostatní nejsou dostatečně oddaní věci. Reakce ostatních na to je, že vidí Flynna a Pamelu jako „mistry světa", kteří si zjevně dokážou docela dobře poradit i bez nich. Mají pocit, že jsou vynecháni z procesu rozhodování a jen se jim sdělí, co je potřeba udělat. Říkají, že postrádají intenzivnější pocit společenství. Když to slyší Flynn, začne se bránit a podrážděně reaguje slovy, že si myslel, že sem přišli *pracovat* a že Boží království není místem pro pohodové přestávky na kafe. Ostatní členy týmu vidí jako pasivní a má pocit, že kdyby se s Pamelou tolik nesnažili, nic by se za ten rok nestalo.

» Jak byste jako kouč týmu řešil tuto situaci z hlediska týmu?

» Jak byste odpověděli Flynnovi a Pamele?

» Jak byste odpověděli zbytku týmu?

M1-5-3-6 Případová studie 2

Sbor „Flying Eagle" (Letící orel) začala novou službu, aby vytvořila samostatný sbor na předměstí, které se nachází asi 45 minut od centra, kde má svoje prostory mateřský sbor. Zakládající tým spolu pracuje už dva roky. Teď má setkání s vedením sboru „Flying Eagle", aby probrali další fázi procesu zakládání sboru.

Viděli, jak do sboru přicházejí noví lidé, a asi 30 - 45 lidí chodí do pronajatých prostor na setkání v neděli odpoledne. Během schůzky s vedením sboru „Flying Eagle" padne zmínka, že v základním týmu se už vystřídala řada lidí. Tom a Kurt, kteří službu vedou od doby, kdy se vrátili ze studia teologie v USA, mají pocit, že je opravdu těžké přesvědčit lidi, aby se zavázali na dlouhou dobu. Zvlášť obtížné je najít lidi, kteří budou ochotni vzít na sebe zodpovědnost za různé oblasti služby. Většina členů hlavního sboru, kteří žijí v oné oblasti, není do práce související se založením nového sboru aktivně zapojena – dokonce ani ti, co mají zkušenosti s vedením.

Kevin, který vede modlitební službu hlavního sboru, ale žije na předměstí, kde vzniká nový sbor, na otázku, proč se do nového sboru nezapojí víc, odpovídá, že už tak má spoustu různých setkání a výborů. Má však i hlubší důvody: církev by měla být jako rodina, která miluje Ježíše a lidi v ní – ne něco na způsob církevního podniku, jak nové společenství pojali Tom a Kurt. Lidé se navzájem neznají a to jediné, co mají společného, je, že žijí na stejném předměstí – a jen málo z nich opravdu zná Toma a Kurta, dodává Kevin.

Julie, mladá maminka, která je velice aktivní ve sboru „Flying Eagle", také žije v oblasti, kde tým pracuje. Říká, že vysoká míra aktivity v novém společenství není příliš vhodná pro mladé rodiny. Z úst řady dalších lidí se ozývají věty typu „my je vlastně ani neznáme", „zdají se nám na náš vkus příliš dokonalí" a „věci prostě nejsou dostatečně praktické".

» Jak byste vysvětlili odpovědi Kevina a Julie?

» Jak byste Kevinovi a Julii odpověděli?

» Jak byste odpověděli, kdybyste byli Kurt a Tom?

» Co byste řekli vedení hlavního sboru?

M1-5-4 Ke kapitole M1-4: Jasná vize – Øystein Gjerme

M1-5-4-1 Týmové cvičení 1: Vize

Věnujte alespoň dva večery jako tým tomu, abyste společně prodiskutovali otázky spojené s vizí.

Domníváme se, že k diskusi o vizi budete ve skutečnosti potřebovat více než dva večery – ale dva večery věnované tématu minimálně podtrhují, jaký význam přikládáme vytvoření jasné vize. Pokud si jako vedoucí týmu nenačrtneme alternativní obrazy toho, jak by mohla vypadat budoucnost, skončíme tím, že budeme opakovat to, co vidíme už dnes. Během procesu M4 je důležité, aby někdo v týmu vedoucích a základním týmu předložil jasný obraz toho, kde chtějí tým po nějaké době v budoucnosti vidět. Při tomto procesu formulování vize je nutné, abyste jako základní tým trávili čas společně v modlitbě a naslouchali Bohu. Důležité je i to, abyste při práci na vizi brali v úvahu kulturní kontext.

První večer:

Odpovězte na otázku: „Jaké sny máme?" Ať už na tuto otázku odpoví vedoucí nebo tým vedoucích, je nezbytné, aby tento proces obsáhl vaše hluboce pociťované přesvědčení ohledně toho, co vidíte v budoucnosti. V této fázi není nutné, abyste věnovali spoustu energie formulaci myšlenek do uhlazených vět. Jde především o to, aby všichni lidé mohli otevřeně říct, jaké mají sny.

Druhý večer: Materiál, který jste dali dohromady prvního večera, zjednodušte na zhruba půl stránky. Dále formulujte tři nebo čtyři formální věty, které v sobě budou mít spoustu obsahu, a přitom se budou dobře pamatovat. Může být dobré požádat někoho, kdo se umí dobře vyjadřovat, aby týmu s formulací těchto vět pomohl.

M1-5-4-2 Týmové cvičení 2

Dává vaše vize pro založení sboru prostor pro multiplikaci nových společenství? Vidíte svou službu jako něco, co se může reprodukovat, takže vzniknou nová společenství? Dává prostor pro expanzi do nových oblastí? Když budete sepisovat vizi pro společenství, je důležité pamatovat na multiplikaci. Jak můžeme násobit to, co děláme už dnes? V poslední části M4 budeme mluvit o tom, jak vytvořit hnutí, společenství nebo sbory, které se násobí tím, že zakládají nová hnutí, společenství a sbory. Je tento přístup součástí vaší vize? Pokud ne, proč? Co musíte udělat, abyste ho do své vize zahrnuli?

M1-5-4-3 Týmové cvičení 3

Dlouhodobé cíle: Dokážete specifikovat nějaké dlouhodobé cíle pro svou službu zakládání sborů? Co považujete za natolik důležité, aby se to stalo prioritou? Mnoho lidí ve službě zakládání sborů přiznává, že chtějí dosáhnout mnohem více, než co jim dovolují jejich zdroje. Je proto nutné stanovit priority. Co je důležité preferovat?

Začněte tím, že si vytvoříte plán toho, kde byste chtěli být za dva roky. Co se do té doby má stát? Jaké cíle je důležité si stanovit *teď*? Na co byste se měli soustředit, když se díváte dopředu, a proč?

Napište si čtyři až šest cílů pro svůj tým v podobě *dvouletého časového plánu*, do něhož pak vepíšete plán praktických kroků, abyste viděli, jak a kdy těchto cílů dosáhnete.

M1-5-4-4 Cvičení pro jednotlivce

» Co myslíte, proč tato kniha podtrhuje význam toho, že při zakládání něčeho nového je potřeba mít jasnou vizi?

» Představte si, že za vámi přijde někdo ze sboru a zeptá se: „Jaká je vize našeho sboru – kam jdeme?" Jak byste odpověděli?

» Jak byste popsali své osobní přijetí vize, kterou tým má?

» Jaký je váš vlastní pohled na závazek, který je potřeba pro to, aby bylo možné realizovat vizi vašeho týmu?

» Povolal vás Bůh k tomu, abyste se podíleli na realizaci vize vašeho týmu?

M1-5-4-5 Případová studie 1

Ken byl jedním ze tří lidí, kteří byli mateřským sborem pověřeni, aby se jako pracovníci na plný úvazek věnovali práci na založení sboru v městské části, která se nachází čtyři kilometry od mateřského sboru. V oblasti žije kolem 5 000 lidí. Ken se tam s rodinou přestěhoval a už asi dva roky se věnuje této práci. V základním týmu je teď 20 dospělých a 15 dětí, ale tým měl pravidelné kontakty s dvojnásobným počtem lidí. Několik z těch, kdo se připojili k novému společenství, přišlo z jiných sborů a církví – čekali, až se v oblasti, kde žijí, začne dít něco nového, takže když vzniklo nové společenství, připojili se k práci. Po čase si lidé začali říkat: „Kam to vlastně jdeme? Kde chceme být za 10 - 15 let? Naše děti budou v té době teenageři – počítají s tím vedoucí? Jaká je ve skutečnosti vize, která stojí za touto prací?" Kenovi se celá tato situace zdá poněkud svízelná a říká: „Měli bychom být společenstvím, které získává lidi pro Ježíše v této části města. Opravdu potřebujeme další vizi?"

» Co si myslíte o Kenově reakci?

» Z jakého důvodu asi Ken reaguje právě takto?

Jednou z věcí, kterou Ken také říká, je: „Já nejsem typ vizionáře. Není mnohem důležitější dívat se na to, co se děje v současnosti?" Jak byste mu na to odpověděli?

Máte za úkol stát v čele vytváření a formulování jasné vize s dlouhodobými cíli pro tuto práci. Jak byste na to šli? Jaké by podle vašeho názoru asi byly největší výzvy a těžkosti?

M1-5-4-6 Případová studie 2

Eddy působil patnáct let jako hlavní kazatel velkého sboru s mnoha zaměstnanci. Spousta lidí by o něm řekla, že je to vedoucí-vizionář – neustále hledá nové příležitosti, stále myslí dva kroky dopředu a když hovoří o tom, po čem v srdci touží, mluví s velkým nadšením. Mnoho lidí by také souhlasilo, že má obdarování jako evangelista. Eddy si plně uvědomuje, jaké dary má. Je si také vědom svých omezení, ale zdá se, že si vždy kolem sebe dokáže shromáždit lidi, kteří mu v těchto oblastech pomáhají.

Před rokem cítil, že ho Bůh volá, aby se přestěhoval do sousedního města a založil tam nový sbor. Řekl o tom vedení sboru. Pro vedení bylo jen těžko představitelné, že by měl ze sboru odejít – byl to přece velice důležitý a zkušený vedoucí! Když se však společně modlili, Bůh k nim mluvil a potvrdil Eddyho povolání založit nový sbor.

Eddy sboru navrhl, aby mu po další dva roky platil poloviční plat, aby mohl založit nový sbor: první rok by pracoval 50 % pro stávající sbor a 50 % na zakládání nového. Sborové shromáždění to krátce nato schválilo. Eddy chtěl být vykazatelný vedení sboru a viděl potřebu mobilizovat sbor k modlitbám za novou službu.

Během prvního roku chtěl dát dohromady základní skupinu 10 - 15 mladých rodin s dětmi. Někteří z nich by nejspíš byli lidé, kteří v onom městě už žijí, ale dojíždějí zhruba 45 minut na bohoslužby a další aktivity do hlavního sboru. Až bude vytvořen základní tým, chtěl se s rodinou přestěhovat do sousedního města. Potom by věnoval pět let budování sboru orientovaného na rodiny, s důrazem na učednictví mezi dětmi a dospívajícími. Ve svém snu viděl vytvoření modelu pro sbory založené na rodinách, který by se dal využít k reprodukci v mnoha dalších městech. Větší část pozornosti by byla věnována menším rodinným skupinkám scházejícím se v domácnostech. Po čase budou pořádat jednou za dva týdny shromáždění pro všechny. Setkání by měla být hodně „odvazová", protože do formování práce by se měly výrazně zapojit děti a mladí lidé. Měl živou představu o tom, jak naplní přednáškový nebo podobný sál v kulturním domě rodinami, které budou prožívat, že Ježíš má co říct i do jejich každodenních životů. Dokážete z toho, co čtete, rozpoznat různé prvky vize, které Bůh vložil do srdce Eddyho?

» Popište vizi, kterou podle vás měl Eddy na mysli a ve svých snech.

» Jak Eddymu jeho duchovní dary pomohou v roli vedoucího, aby dosáhl toho, co mu Bůh položil na srdce?

» Proč je podle vašeho názoru při zakládání nového společenství důležitá schopnost formovat a komunikovat vizi?

M1-5-5 Učební cíle a hodnotící škála pro zakládání sboru

V následující části najdete učební cíle, které jsme stanovili pro různá témata, jimiž se zabývaly předchozí kapitoly. Rádi bychom, abyste nyní ohodnotili sami sebe a to, co jste se naučili. Některé z cílů výuky se soustřeďují na získávání nových poznatků a pochopení daných témat, jejich zpracování a hlubší zamyšlení se nad nimi ve vztahu k vašemu vlastnímu životu a týmu. Další úkoly jsou konkrétnější a jsme přesvědčeni, že je důležité, abyste se jimi zabývali jako tým.

Každou z následujících vět ohodnoťte známkou 1 až 5 podle toho, jak dobře jste zvládli daný učební cíl. 1 odpovídá hodnocení: Nedal jsem si s tímto cílem dost práce, nedíval jsem se na úkoly, které k němu patří; 5 odpovídá hodnocení: Získal jsem solidní představu, zamyslel jsem se nad problematikou a vypracoval úkoly spojené s cílem výuky; hodnocení 2 - 4 leží někde mezi tím. Doufáme, že se vám bude při hodnocení dařit.

M1-5-5-1 Téma: Boží království a Boží moc – Øivind Augland
» Pochopil jsem, že za budováním církve stojí sám Ježíš.

» Udělal jsem si jasno v osobních motivech pro zakládání sboru nebo pomoc při této práci.

» Ujasnil jsem si sen, který mi Bůh dal ohledně založení nového společenství nebo ohledně pomoci při jeho vzniku.

» Chápu, že cílem není církev nebo sbor sám o sobě, ale šíření Božího království.

M1-5-5-2 Téma: Zakladatel sboru – Øivind Augland

» Získal jsem jasnou představu o povolání, vyslání a důležitosti vykazatelných vztahů.

» Chápu, jak je důležité objasnit lidem závazek vůči základnímu týmu, a to jak ohledně časového trvání, tak funkce.

» Rozumím důležitosti objevování darů a schopností, které Bůh dává zakladateli sboru, a služby na jejich základě.

» Chápu různé modely zakládání sboru a přemýšlel jsem o různých možnostech, jak může nový sbor vypadat.

M1-5-5-3 Téma: Budování základního týmu – Terje Dahle

» Rozumím tomu, co je základem práce v dynamickém týmu, který se mění s úkoly a výzvami, jež vznikají při zakládání sboru.

» Rozumím významu hodnot a praxe vycházející z hodnot, které by měly charakterizovat nové společenství.

» Chápu potřebu rozvíjet otevřenou, upřímnou a zdravou komunikaci v týmu a vím, jak vznikají konflikty.

M1-5-5-4 Téma: Jasná vize – Øystein Gjerme

» Vím, proč je ve službě zakládání sboru důležité mít jasně sepsanou vizi.

» Chápu, proč je důležité udělat si plán toho, jak a kdy by měl základní tým pracovat na vytváření jasné vize pro službu zakládání sboru.

» Chápu, proč je důležité, aby služba byla zaměřená na cíl, a proč začít vytvářet dlouhodobé cíle a zároveň plán konkrétních kroků na první dva roky práce.

„Jděte…"

„Jděte…"

M2-
MISSION/ POSLÁNÍ - JDĚTE!

M2-0

Úvod – Øivind Augland

Druhá část velkého poslání říká „Jděte!" Být církví nebo sborem znamená být součástí Božího poslání.[196] Zakládání sborů je *poslání*. Když nebudeme oslovovat nové lidi, budeme mít ve sboru za 3 - 5 let stále tutéž skupinu lidí. Mnoho nově založených sborů se bohužel změnilo v malé introvertní skupiny, které už neoslovují nové lidi. Zakládání sborů je o zasévání dobré zprávy v určité geografické oblasti, kultuře nebo etnické skupině s cílem oslovit zatím neoslovené lidi evangeliem. Neseme v sobě Boží království a jsme vysláni Králem králů. On nás povolal, abychom budovali jeho příbytek v tomto světě, místo, kde bude moci přebývat a zjevovat se lidem.

Jsme součástí Božího *vysílání* do světa. Stejně jako Bůh poslal do světa svého Syna, posílá do tohoto světa i nás, abychom o Božím království říkali lidem, kteří Boha neznají.[197] Veškeré zakládání sborů vychází z pochopení povolání a vyslání. V části M1 jsme se dotkli témat povolání a vize. Je důležité vědět, že jste povoláni a co jste povoláni budovat (vize). Je také důležité, abyste věděli, ke komu jste posláni. Být *misijní* znamená zakládat sbor ve skupině nebo kultuře, kterou jste byli povoláni oslovit.[198] Musíte si položit otázky: „Jaká je cílová skupina sboru, který chceme založit? Jsme posláni do konkrétní oblasti? Jsme povoláni ke specifické skupině lidí, nebo máme přinést Boží království skupině lidí, kde bylo evangeliem osloveno jen málo lidí?" Je nutné, abyste měli jasnou představu

[196] Roxburgh, Allan J, a Romanuk, Fred: *The Missional Leader, Equipping your Church to Reach a Changing World.* San Francisco: Jossey-Bass, 2006 (s. xv).

[197] Jan 17,18

[198] Stetzer, Ed: *Planting Missional Churches.* Nashville, TN: Broadman & Holman Publishers, 2006.

o tom, ke komu jste posláni. Øystein Gjerme se touto problematikou zabývá v prvním tématu „Průkopnická práce a zóny pohodlí".

Zakládání sborů je průkopnická práce a nabourává naše zóny pohodlí. Zakládání sborů je rozhodnutí, které ovlivňuje mnoho oblastí našeho života. Má dopad na naše vztahy. Jasně si vzpomínám na poznámku jednoho z klíčových lidí v týmu, který založil sbor Hånes Free Church. Přišel s námi z našeho mateřského sboru i s rodinou a řekl: „Teď, když jsem se připojil k tomuto týmu, se musím vzdát určitých dobrých vztahů, které jsem léta budoval, abych měl čas a prostor potřebný pro investování do nových vztahů a navazování přátelství s novými lidmi." Existuje spousta důvodů, proč člověk přijde do sboru, ale jen jeden důvod, proč zůstane – *spřátelí se tam s někým*. Zakládání sboru vás vyvede za hranice zóny pohodlí tím, že budete neustále nabízet přátelství novým lidem. Bude vytvářet nároky na vaše peníze, rodinný život a to, jaké priority si stanovíte pro čas a prostředky. Pamatujte však na to, že Ježíš řekl: „... já jsem s vámi po všecky dny." Nejsme vysláni sami – Ježíš je s námi. Je to výsada být součástí jeho poslání pro tento svět.

Zakládání sborů je poslání. Co pro vás a váš tým znamená být *misijní*? Je-li zakládání sborů založeno na sdílení dobré zprávy, musíme vidět, že my *jsme* ta dobrá zpráva. Boží království žije v nás: tam, kde jsme my, bude i Bůh. Ve svém okolí jsme jeho rukama, nohama, ušima a ústy – dobrá zpráva je přítomna ve *vašem* okolí, protože tam žijete *vy*. Misie není aktivita, ale život, který žijeme. „Boží láska je vylita do našich srdcí skrze Ducha svatého, který nám byl dán."[199] „Vždyť nás má ve své moci láska Kristova – nás, kteří jsme pochopili, že jeden zemřel za všecky, a že tedy všichni zemřeli; a za všechny zemřel proto, aby ti, kteří jsou naživu, nežili už sami sobě, nýbrž tomu, kdo za ně zemřel i vstal."[200] Je to Kristova láska v nás, která mění svět. Máte vše, co je třeba. Arne Skagen o tom mluví ve svých kapitolách „Milovaní a vyslaní" a „Žeň je zralá".

Ježíš musel své učedníky upozornit: „Neříkáte snad: Ještě čtyři měsíce a budou žně? Hle, pravím vám, pozvedněte zraky a pohleďte na pole, že již zbělela ke žni."[201] Často máme sklon říkat si „někdy v budoucnosti", zatímco Ježíš říká, že žeň je zralá už *dnes*. Nyní, dnes budete v kontaktu se žní, která je zralá – s lidmi, kteří jsou otevření a připravení přijmout evangelium, otevření přijmout Boží lásku vaším prostřednictvím. Zralé obilné pole se do sýpky nepřesune samo od sebe. Zemědělec musí vyjít na pole a obilí sklidit. Lidé, kteří jsou otevření vůči evangeliu, nepřicházejí do církve sami, musíte jít ven a naplnit jejich potřeby,

[199] Římanům 5,5

[200] 2. Korintským 5,14-15

[201] Jan 4,35

[202] Římanům 1,16
[203] Římanům 15,18-19

modlit se za ně, spřátelit se s nimi, říct jim evangelium a vést je do Božího království a společenství víry. To je míněno pojmem *misijní*.

Často slýcháme, že evangelium dnes funguje takto: „Patři do společenství – uvěř – změň své chování." Pocit sounáležitosti, vztahů a přátelství jsou při sdělování evangelia lidem velice důležité. Musíme ale také podtrhnout fakt, že „přátelství nikoho nespasí" – jen evangelium Ježíše Krista je „moc Boží ke spasení pro každého, kdo věří".[202] V Norsku a Evropě jsme viděli, že se věci začínají dít jen tehdy, když lidé Boha zažívají v přátelských vztazích. Arnt Jakob Holvik o tom bude mluvit v poslední části „M2 – Mission/Poslání".

Apoštol Pavel shrnuje svou apoštolskou službu a popisuje, jak hlásal evangelium, těmito slovy: „Neodvážil bych se totiž mluvit o něčem, co by nevykonal Kristus skrze mne, slovem i skutkem, v moci znamení a divů, v moci Ducha, aby pohané přijali evangelium. Tak jsem celý okruh od Jeruzaléma až po Illyrii naplnil Kristovým evangeliem." [203]

Když je evangelium „hlásáno plně", děje se tak slovem i činy, po nichž následují znamení a divy – všechno se děje prostřednictvím moci Ducha s jediným cílem: vést lidi tohoto světa k poslušnosti. To je ono apoštolské hlásání evangelia, které mělo v Pavlově době takový dopad a jež může mít vliv i na dnešní dobu. Evangelium se musí kázat *slovy*, aby lidé mohli být spaseni, ale musí se též realizovat v praxi prostřednictvím dobrých skutků, které Ježíšovu lásku sdělí prakticky. Evangelium musí navíc být viditelné prostřednictvím znamení a divů: nabídneme, že se budeme modlit za lidi, kteří jsou nemocní, osvobozovat lidi od minulosti a pozvedat ty, kdo jsou na dně. To se může odehrávat jen tehdy, když dovolíme Duchu svatému, aby nás vedl ve věcech, které děláme.

Možná máte stejný problém jako já: moji pozornost snadno získávají různé věci, což mě odvádí od toho, abych dělal ty důležité věci, které jsou popsány výše. Při zakládání sboru musíme být vykazatelní jedni druhým ohledně toho, jak věnujeme čas budování vztahů s nespasenými lidmi. V této záležitosti může být dobrý nápad myslet více strategicky.

Požádejte Boha, aby vám ukázal, na jakou skupinu lidí by se měl váš tým zaměřit nejdříve. Pak se modlete, přemýšlejte a najděte místa a prostředí, kde byste se s těmito lidmi mohli setkat. Příkladem by mohla být mládežnická centra, stávající sociální sítě, kavárny, ulice, organizované sporty nebo vaše okolí všeobecně. *Váš tým může příležitosti k setkání také vytvořit*: zorganizovat mezinárodní oběd pro emigranty nebo kurz Alfa, naplánovat aktivity pro děti z okolí atd. Existuje spousta možností, jak se setkat s lidmi a budovat s nimi vztahy.

Udělejte si čas a naslouchejte Bohu jako tým, požádejte ho, aby vám ukázal lidi, kteří jsou zralí ke žni, s nimiž již jste nějak v kontaktu – pak dohlédněte na to, že budete opravdu jednat. Zavažte se jako společenství, že se každý z vás bude modlit za dva nebo tři lidi, o nichž jste přesvědčeni, že jsou otevření vůči evangeliu. V týmových cvičeních a příkladech, jež najdete v této sekci, vám doporučujeme, abyste při plánování toho, jak může společenství, které zakládáte, oslovovat nové lidi, uvažovali strategicky a prakticky.

M2-1

Průkopnická práce a zóny pohodlí – Øystein Gjerme

[204] Barker, Joel Arthur: *Paradigms: The Business of Discovering the Future.* NewYork: HarperBusiness, 1994.

[205] Genesis 2,15

[206] Genesis 3,1-24

[207] Genesis 3,1-24

[208] Genesis 3,1-24

M2-1-1 Úvod

Zakládání sborů je činnost podobná podnikání a vyžaduje neobvyklý druh úsilí a závazku. Futurista Joel Barker rozděluje lidi na různé typy tím, že je přirovnává k lidem, kteří dobývali americký Divoký západ. Nejprve přišli průzkumníci, kteří hledali cesty na západ *(trailblazers)* a byli ochotni podstoupit obrovské riziko, aby Divoký západ zkrotili. Nebylo jich mnoho a pracovali úplně sami, dokud nebyla země pro ostatní alespoň trochu bezpečnější. Další skupina, která se vydala na západ, byli *pionýři*. Ti čistili zemi a budovali usedlosti, i když věděli, že divoká zvěř a potenciální nebezpečí nejsou nikdy daleko. Třetí skupina, která tvořila většinu, byli *osadníci*. Ti dorazili teprve poté, co pionýři poslali vzkaz, že je dostatečně bezpečné začít budovat města.[204]

Zakladatelé sborů jsou průzkumníky a pionýry, které pohání touha oslovit nové oblasti a vytvořit nové sbory. Tato touha pramení z Božího poslání vůči světu a závazku zakladatele sboru k Božímu povolání.

M2-1-2 Boží vyslání

M2-1-2-1 Missio Dei

Bůh stvořil dobrý svět a v něm muže a ženu, aby s nimi mohl sdílet svůj život a oni ho mohli sdílet navzájem. Vytvořil věci takovým způsobem, aby muž a žena mohli vyjadřovat Boží slávu ve světě tím, že budou obdělávat zemi a starat se o ni.[205] Tato harmonie byla narušena, když síly zla podvedly muže a ženu, a tím bylo zlu dovoleno vstoupit do světa.[206] Kvůli pádu Adam a Eva ztratili svůj vztah s Bohem a přestali mu v rámci stvoření sloužit. Oni i jejich potomci si pád nesli dál s sebou, což se naplno projevilo v kulturách, které kolem nich vznikly. Společnost byla plná násilí, nenávisti, hrabivosti, zneužívání, modlářství a chaosu.[207] A proto se Bůh rozhodl svět zachránit.[208]

Aby Bůh mohl schopen zachránit svět, musel se do dějin lidstva vložit sám. Prvním krokem bylo to, že vstoupil do života izraelského národa. Ve vztahu mezi Bohem a Izraelem vidíme obrazy a příklady, které jsou plné znamení toho, co má přijít. Bůh se stal člověkem v Ježíši Kristu a prostřednictvím jeho života, smrti a vzkříšení zachraňuje svět z moci zla.[209]

To je stručné shrnutí *Missio Dei*, Božího vyslání. Jde o ústřední biblické téma, které popisuje smysl Božího jednání v dějinách.[210] Bůh je tím, kdo vysílá církev do světa, aby dokončila dílo spasení a, jak již bylo vysvětleno dříve, realizovala jeho sen o založení sborů v každém koutě světa. Zakladatel sboru čistí cestu a je průkopníkem v místech a kulturách, kde církev a sbory nikdy neexistovaly. Zakladatel sboru čistí cestu tím, že jde za svým vlastním povoláním a povolává i jiné, aby se k zakládání sborů připojili.

M2-1-2-2 Církev jej povolána „ze světa"
Slovo *církev* je překladem řeckého *ekklesia*. Tento pojem se objevuje hlavně po smrti a vzkříšení Ježíše a znamená *shromáždění věřících*. V řeckém překladu Starého zákona, Septuagintě, bylo *ekklesia* použito pro shromáždění Božího lidu v kontextu plnění zvláštních náboženských úkonů.[211] Tento termín se také používá k popisu oficiálních politických shromáždění v řecké společnosti.[212] Z různého historického užití tohoto slova vyplývá, že církev je shromáždění lidí. *Ekklesia* se skládá ze slov *ek* – „z" a *„kaleo* – „povolat". Ačkoli není jasné, zda si byli autoři Nového zákona této etymologie vědomi, z kontextu se dá vyvodit, že za církev byli považováni právě ti, kdo byli „povoláni odněkud".

Právě v tomto „povolání z" proudu, jehož se drží ostatní, a rozhodnutí následovat místo toho celým životem Boha, nalézá zakladatel sboru a celý tým svou identitu. Bůh posílá skupinu lidí do určité oblasti, aby tam vybudovali místní sbor, což je pro zakladatele sboru velká výsada i výzva. Skupina, která se vytvoří, aby založila sbor, musí vědět, ke komu je poslána.

M2-1-2-3 Ke komu jsme posláni?
Velký Boží plán poslat Ježíše a „povolanou" církev do světa se realizuje a uvádí do pohybu pomocí všech jednotlivých služeb zakládání sborů. Je na každém týmu, aby si definoval, jak by měl jejich sbor vypadat, a to na základě kultury, do níž dobrou zprávu přinášejí. Pokud chcete oslovit lidi, kteří jsou vaší cílovou skupinou, nevyhnete se hluboké kulturní analýze. Přitom musíte rozumět misijní církvi, aby se vaše analýza nezměnila v pouhé izolované cvičení. Magnus Malm ve své knize *I lammets tegn* (Znamení beránka) varuje sbory před tím, aby se motivující silou pro církev staly potřeby společnosti. Bude-li církev zakládat svou

---

[209] Jan 1,1-14; Filipským 2,6-11; Koloským 1,13-22

[210] Guder, Darrell L.: *Missional Church*. Grand Rapids: Eerdmans, 1998 (s. 4).

[211] Deuteronomium 9,10; 18,16; 23,1-3

[212] Skutky 19,32 a 39-40

[213] Malm, Magnus: I lammets tegn, s. 155.

[214] Guder, s. 223.

existenci výhradně na podmínkách stanovených společností, může se ocitnout na jejím okraji.

V konečném důsledku je odpovědí na problémy naší doby vzkříšený Kristus, ne úsilí církve. Církev musí sloužit takovým způsobem, aby světu bylo zjevné, že skrze ni jedná Kristus. Musí si dát pozor, aby ve své snaze být „relevantní" nezakryla lidem pohled na Ježíše.[213]

Ve všech mezikulturních misiích existuje bezprostřední nebezpečí „odklonu od poslání" („mission drift"), kdy hrozí, že poselství bude zamlženo snahou církve oslovit novou skupinu. Tomu lze předejít tím, že se sbor drží misijního výkladu Bible, který umožňuje vidět, že misie je nedílnou součástí biblického vyprávění.

M2-1-2-4 Misijní výklad Bible

První křesťané konali misii a přitom se dávali vést epištolami a texty, které dnes označujeme jako Nový zákon. Cílem těchto textů bylo pomoci církevním společenstvím pokračovat v jejich poslání bez ohledu na danou situaci, výzvy a boje. Zakladatelům sborů se často stává, že jim Bible mnohem více ožije nejen jako zdroj informací, ale také jako zdroj inspirace při hledání způsobů, jak komunikovat poselství lidem v dosud neoslovených kulturách. Z tohoto úhlu pohledu vidíte, jak Písmo motivuje a podtrhuje poslání církve a garantuje, že je stále dost území, která „je potřeba dobýt".[214]

V konfliktech, jež vznikají v místě kontaktu církve s naší sekulární, postmoderní a novopohanskou kulturou, se objevuje řada problémů a výzev, které ohrožují „správné biblické učení". Øivind Augland a Håvard Kjøllesdal toto téma rozvádějí v části M3 „Multiplikace" v tématu „Jak v dnešní kultuře vychovávat učedníky". V etablovaných církevních organizacích může být vzdálenost k tomuto druhu kultury natolik velká, že otázky, které zde probíráme, mohou být zcela teoretické. Moje zkušenost říká, že zakládání sboru vás povede přímo do těchto otázek a donutí vás zamyslet se nad nimi. Dobrá zpráva je, že každá stránka novozákonních epištol byla napsána ve stejné křížové palbě, takže nám na naší misijní cestě mohou velice pomoci.

M2-1-2-5 Kdo je cílová skupina?

Když jsme v roce 2004 založili sbor Salt Church of Bergen, chtěli jsme budovat společenství pro obyčejné lidi z Bergenu. Rozhodli jsme se nezakládat sbor jako reakci proti letničnímu prostředí, z něhož jsme vyšli, museli jsme si však udělat představu o tom, jak se naše cílová skupina liší od té, s níž pracujeme v letniční církvi. Zde je několik otázek, které nám pomohly vytvořit si představu o tom, jaký druh kultury se pokoušíme oslovit:

[215] Tamtéž.

- » Jakou věkovou skupinu chceme oslovit?
- » Co tito lidé vědí o křesťanské víře?
- » Jaký postoj zaujímají k pojmu „církev"?
- » Jak vypadá typický den rodiny s malými dětmi v naší cílové skupině?
- » Jaké potřeby má naše cílová skupina?
- » Co přitáhne pozornost naší cílové skupiny?
- » Co by nám mohlo usnadnit navázání kontaktu s cílovou skupinou?

Zde je stručná verze našich odpovědí:

- » Jedná se o lidi ve věku 20 - 40 let, mladí dospělí a rodiny s malými dětmi. Zaměřujeme se na lidi, kteří toho o křesťanské víře moc nevědí, a snažíme se najít jazyk a kulturu, jež zahrnou jak ty, kdo pocházejí z křesťanského prostředí, tak lidi ze sekulárního prostředí.
- » Je to místo pro ty, kdo mají velký zájem o duchovní věci.[215]
- » Místo, kde se toho bude hodně dít!
- » Relevantní komunikace evangelia bude brát v úvahu potřeby těchto lidí.
- » Chceme budovat zdravý, moderní a novodobý sbor, kde si lidé budou moci svobodně zvolit, do jaké míry se zapojí.
- » Půjde nám o láskyplné vztahy.

To byly naše výchozí body. Věci se ale časem mění. Zjistili jsme, že:

- » Ve skupině 20 - 40tiletých se mnoho lidí rozhodlo mít děti a práce s dětmi ve sboru je náročná a určuje charakter kultury sboru.
- » Musíme sboru opakovaně připomínat, proč používáme jazyk a kulturu jako nástroje k oslovení naší cílové skupiny.

» Musíme soustavně usilovat o to, abychom zabránili vzniku vnitřní církevní kultury tam, kde zjišťujeme, že jsme spokojeni s tím, že jsme jakýmsi průměrným sborem.

» Musíme neustále bojovat proti „kultuře spousty práce", a to tím, že práci ve sboru budeme prezentovat jako výsadu, ne jako trest.

» Musíme stále usilovat o to, abychom byli relevantní a udržovali kontakt s reálným životem v našem kázání i na biblických skupinkách, ačkoli bývame v pokušení ponořit se hluboko do některých témat, jež přitahují pozornost lidí se zájmem o duchovní otázky.

» Musíme pravidelně upravovat způsob, jak komunikujeme to, co se od lidí ve sboru očekává. Snažíme-li se dělat příliš mnoho, zvyšujeme očekávání kladené na lidi a vytváříme základ pro tlak, před nímž postmoderní individualista ihned uteče.

» Musíme vždy klást důraz na vztahy a povzbuzovat lidi ve sboru, aby trávili čas spolu a zahrnovali do něj i další lidi.

» Jasně se ukázalo, že intenzivní zaměření na cílovou skupinu je dobrá věc, avšak za nečekanou cenu, která vypluje na povrch teprve později: čím více si jedni členové sboru oblíbí jeho kulturu, tím více ji budou druzí nesnášet. A musíte být připraveni toto napětí řešit.

» Být průzkumníkem a pionýrem (průkopníkem), který je vyslán do nových kultur a míst, je úžasná výsada. Tato výsada si však vyžaduje stálý závazek.

M2-1-3   Závazek

M2-1-3-1 Cena učednictví

Zakládání sboru je dlouhodobý projekt a než se rozhodnete do něj pustit, musíte si spočítat náklady, které jsou k jeho realizaci potřeba. Ježíš řekl o ceně učednictví toto:

„Chce-li někdo z vás stavět věž, což si napřed nesedne a nespočítá náklad, má-li dost na dokončení stavby? Jinak – až položí základ a nebude moci dokončit – vysmějí se mu všichni, kteří to uvidí. ,To je ten člověk,' řeknou, ,který začal stavět, ale nemohl dokončit.' Nebo má-li nějaký král táhnout do boje, aby se střetl s jiným králem, což nezasedne nejprve k poradě, zda se může s deseti tisíci

postavit tomu, kdo proti němu táhne s dvaceti tisíci? Nemůže-li, vyšle poselstvo, dokud je jeho protivník ještě daleko, a žádá o podmínky míru."[216]

Než je možné prohlásit úsilí o založení sboru za ukončené, trvá to asi 4 - 7 let. Každý zakladatel sboru musí očekávat, že se v této fázi bude muset zapojit naplno, aby bylo zajištěno, že společenství přežije. Potřeba obrovské investice v podobě času ovšem po úvodní rozjezdové fázi nekončí, ale pokračuje i do dalšího stadia. Různé fáze rozvoje organizace lze popsat následujícím způsobem: průkopnické stadium, stadium struktury, stadium delegování a stadium koordinace. Každá z těchto fází se vyznačuje specifickými vlastnostmi, kterých si zakladatel sboru musí být vědom.[217]

Jasné „ano" investici času a prostředků do služby zakládání sboru znamená také jasné „ne" jiným prioritám. Odměna v podobě toho, že vidíme, jak ožívá nový sbor, musí převážit nad náklady investovanými do realizace tohoto projektu. Je moudré probrat s vaším manželským partnerem, čemu při zakládání sboru říct ano a čemu ne, protože vaše rozhodnutí budou mít vliv prakticky na všechny oblasti vašeho osobního života.

M2-1-3-2 Stanovení priorit v rytmu života

Za prvé, zakládání sboru ovlivní způsob, jak trávíte čas. Povaha průkopnické práce spočívá v tom, že se odehrává mimo rámec běžné pracovní doby. Je to vášeň, která přivádí novou myšlenku v život a která si najde způsob, jak věci realizovat – obvykle to vyžaduje značné množství času. Když si budete uvědomovat, jak trávíte čas, může vám to zajistit rovnováhu mezi prací a odpočinkem. Zakládání sboru je dlouhodobý závazek, a proto je potřeba si co nejdříve stanovit pracovní rytmus, který vás nevyčerpá. Těmito otázkami se více zabýváme v posledních dvou tématech M4 „Hnutí".

Již na počátku našeho procesu zakládání jsme se zamýšleli nad tím, jak by měl vypadat náš týdenní rytmus. Poté, co jsme strávili čtyři měsíce v „DNA" společenství se základní skupinou složenou ze zhruba 40 lidí, začali jsme každou neděli pořádat bohoslužby, které předcházely oficiálnímu „otevření" sboru. Bylo důležité stanovit si to již v rané fázi zakládání sboru, protože jsme zakládali sbor ve velkém městě, kde jsou nedělní bohoslužby důležitou součástí vyjádření našeho církevního společenství.

Poněvadž jsme zakládali sbor v době, kdy lidé ve vedení měli malé děti, museli jsme si naplánovat setkání vedení mimo časové rozmezí 16.00 – 20.00 hodin.

[216] Lukáš 14,28-32

[217] Augland, Øivind: *Organization and organism*. 2011 (Poznámky k různým vývojovým stadiím sboru).

V tu dobu se totiž děti vracejí domů ze školy nebo školky a je potřeba se postarat o rodinný život. Záměrně jsme se proto rozhodli, že se naše setkání v týdnu budou konat od 20 do 22 hodin. Konkrétně jsme si naplánovali, že sboru budeme věnovat jen dva dny v týdnu – v pondělí proběhne setkání vedení a ve středu setkání malých skupinek. Tímto způsobem jsme byli schopni mít pod kontrolou množství času věnovaného sboru a udržovat množství aktivit na nízké úrovni, v souladu s našimi sborovými hodnotami.

Velmi se nám také osvědčilo setkávání se na pravidelném místě. Někteří lidé říkají, že by se to dalo dělat mnohem neformálněji prostřednictvím každotýdenního pozvání a využívání přirozených vztahů. My si však myslíme, že neformálnější struktura zjevně vystavuje tým zakládající sbor větší míře únavy a „opotřebování". Když usilujeme o organický a vztahový charakter, řada týmů nechtěně omezuje velikost skupiny tím, že se jeví jako nezorganizovaná a nedostupná pro kohokoli mimo základní tým, což lidi zvenčí odrazuje od toho, aby se připojili. Je to opak toho, co tým zamýšlí, ale je to výsledek volby nesprávného modelu sboru pro cílovou skupinu, která žije ve vysoce organizované a regulované části světa.

Silnou stránkou naší služby je i to, že každou neděli máme bohoslužby v pevně danou dobu. Vedoucí, až na velice málo výjimek, jsou přítomni na všech setkáních. Naším snem je znovu v naší zemi zavést neděli jako den, kdy se chodí do shromáždění, a vyzýváme vedoucí sboru, aby šli příkladem.

M2-1-3-3 Vztahy mají přednost před aktivitami

Za druhé, zakládání sboru má vliv na vaši společenskou orientaci. Je velice příjemné trávit čas s lidmi, s nimiž budujete sbor, a je to naprosto nezbytné, pokud chcete ve vztazích vytvořit bezpečné vazby. Když se ale rozhodnete s někým trávit čas, rozhodujete se také *netrávit* čas s jinými lidmi. Je to „cena za příležitost", kterou jste jako zakladatelé sboru nuceni zaplatit. Slovem „nuceni" mám na mysli „z podstaty služby", ne proto, že vám to někdo nařizuje. Když si přiznáme, že nám to odebere čas, který bychom jinak mohli věnovat rodině, přátelům a dalším lidem, kteří nejsou členy týmu zakládání sboru, nutí nás to k vážnému zamyšlení.

Je proto důležité o těchto věcech mluvit a vysvětlit si priority, jež si stanovíte ve vztahu ke své rodině, přátelům a širší rodině. Pokud si to neobjasníte, riskujete možnost konfliktů a pocitů ztráty vůči těm, které milujete, což pak může odsávat vaši energii.

M2-1-3-4 Péče o rodinu

Za třetí, zakládání sboru ovlivňuje vnitřní dynamiku rodiny zakladatele sboru. Rodina často bude ve svém domě či bytě přijímat hosty a očekává se, že se zapojí, kdykoli do domu přijdou lidé. Musí také žít se skutečností, že zakladatel sboru si často přináší práci domů – jak duchovně, tak duševně. Ačkoli se tyto tlaky v případě různých vedoucích liší, je důležité najít „chytrá" řešení, aby se situace zjednodušila. Podle naší zkušenosti je ideální, když můžeme tento potenciální konflikt řešit pomocí postoje „oba vyhrajeme", a ne „jeden vyhraje, druhý prohraje".

V našem případě vše začalo v době, kdy jsme ještě studovali a diskutovali o tom, co by nás mohlo čekat v budoucnosti. Moje manželka měla obavy z toho, jak může zakládání sboru ovlivnit naše manželství a rodinu, a bavili jsme se o tom, co by mělo být na prvním, druhém a třetím místě, co se týče Boha, rodiny a církve. Nikdy jsme nedospěli k jednoznačnému závěru, ale řešení jsme našli, když nám někdo řekl: „Bůh si takové seznamy nikdy nedělá. Zve nás, abychom měli všechno na prvním místě – aby náš život zahrnoval tohle všechno." Toto prohlášení nám od té doby neustále pomáhá. Máme jeden život a je v něm dost místa pro to, aby všichni vyhráli. Uvedu příklad toho, jak řešíme setkání vedoucích u nás doma, abychom vám ukázali, jak to děláme v praxi.

Když se nějaké setkání koná u nás doma, vždy dětem dovolíme, aby se účastnily první části. Interakce mezi vedoucími a našimi dětmi bylo vědomé rozhodnutí pro vytváření kultury, kde se děti cítí součástí týmu a důležité. Protože jsme hostiteli něčeho, co je součástí církve, někdo vždy přijde dřív, aby nám pomohl s přípravou, a všichni nám pak pomohou uklidit, než se rozloučí a vyrazí domů. Všichni naši hlavní vedoucí jsou velice vděční, že jsme si vytvořili tuto kulturu setkávání se u lidí doma, když teď i oni mají setkání s dalšími vedoucími u sebe doma. Je to situace, v níž jsou všichni vedoucí vítězi, a díky tomu je snadnější být v našem hektickém každodenním životě hostiteli.

Průkopnická práce člověka cele pohltí a pokud si nestanovíte zdravé hranice, finanční, vztahové a společenské náklady mohou být hodně vysoké. Jak si pozorný čtenář zřejmě již povšiml, stanovení zdravých hranic je nedílnou součástí církevní kultury, kterou jsem popsal výše. Věříme, že stanovení limitů není ani tak o tom, jak říct „ne", jako o tom, jak říct „ano" správným rozhodnutím a prioritám. Hranice, které stanovíte, by proto měly vycházet z hodnot a společného pochopení toho, co bude pro všechny v dlouhodobém ohledu nejlepší. Takovýto přístup buduje kulturu vzájemného respektu, která osvobozuje vedoucí od toho, aby neustále museli řešit nekonečnou řadu rozhodnutí.

M2-1-4 Vyjít ze zóny pohodlí

Zakládání sboru je rozhodnutí, které ovlivňuje mnoho oblastí vašeho života. Zatímco většina lidí se rozhoduje pro stabilní postavení v práci, aby mohli mít finanční jistotu, pocit, že někam patří, a zdravou rovnováhu v osobních zdrojích, zakladatelé sboru často dělají pravý opak. Nejenže se musí postarat o své vlastní finance, svůj vlastní pocit, že někam patří, a zvládání svých vlastních osobních zdrojů, ale musejí se také starat o všechny, kdo je následují!

M2-1-4-1 Nejisté finance

Finanční zdroje jsou při zakládání sboru klíčovou podmínkou úspěchu. Nezáleží na tom, jestli máte peněz hodně nebo málo. Důležité je spravovat zdroje, které člověk má, podle zásad, jež mají původ v Božím království. Zakladatel sboru musí spravovat finance sboru i své osobní. Začíná to však v osobní sféře, kde máte více než dost příležitostí k tomu, abyste vystoupili ze své zóny pohodlí.

Důležitou lekci o zodpovědnosti jsem dostal, když jsem studoval v Minneapolisu v Minnesotě, USA. Šel jsem na konzultaci ohledně hodnocení mé práce u pastora, pro kterého jsem pracoval. Zeptal se mě, jak se mi daří v oblasti peněz, a já jsem odpověděl, že můj bankovní účet je prakticky na nule, ale mám víru v Boha. Podíval se mi přímo do očí a řekl: „Experimentovat s mocí své víry můžeš, když jsi svobodný. Teď jsi ale ženatý muž a neseš zodpovědnost za svou ženu." Pak vzal všechny bankovky, které měl v peněžence, dal mi je a začal mě učit, jak žít finančně zodpovědně ve víře před Bohem. Tato zkušenost spolu s dalším vyučováním, které jsem v následujících letech absolvoval, formovala mé osobní přesvědčení ohledně významu finančních principů, jež nalézáme v Božím království.

Postřeh, který vyšel z mé osobní zkušenosti, formuje způsob, jakým se dívám na peníze v zakládání sboru. Pokud my uděláme svou část, Bůh vždy udělá tu svou, aby nám zajistil finanční jistotu. Tento druh jistoty je důležitý, když máte pocit, že věci jdou špatným směrem, nebo když máte omezený přístup k finančním prostředkům. Právě v takových chvílích musíte být pevně zakořeněni v aktivním životě víry v Boha a jeho slibech.

M2-1-4-2 Správné nastavení priorit

Dalším zásadním předpokladem úspěchu ve vaší službě zakládání sboru je být proaktivní při managementu času. Úmyslně používám termín „management času", abych podtrhl, že co se času týče, buď budeme času vládnout my, nebo bude čas vládnout nám. Různé typy osobností se s časovým tlakem vypořádávají různě a já vám mohu uvést jen několik příkladů ze svého vlastního života. Rozdělím je do kategorií pomocí čtyřdílného modelu managementu času, který uvádí Stephen Covey.

	NENALÉHAVÉ	NALÉHAVÉ
DŮLEŽITÉ	1. PLÁNOVÁNÍ » Vztahy » Prostředky obživy » Odpočinek » Věci, které mají hodnotu » Struktura a dobré návyky	2. KRIZE » Chaos, stres » Termíny » Setkání » Nutné iniciativy – TEĎ » Nemoc » Málo prostředků na obživu
NEDŮLEŽITÉ	3. ZLODĚJI ČASU » Spamy a nedůležité e-maily » Textové sms a příliš mnoho nezávazných rozhovorů » TV a internet » Věci, které nás rozptylují	4. DELEGOVÁNÍ » Určité e-maily » Aktivity, které mohou dělat jiní » Určité schůzky

Pomůže vám, když budete tyto čtverce používat delší dobu, abyste se naučili dělit úkoly podle podobného rozumného vzorce. Až si tento návyk osvojíte, nebudete muset přemýšlení o těchto věcech věnovat moc času.

M2-1-4-3 Život proti proudu

Zakládání sboru je jako dělat misijní práci na vlastním dvorku – a kontrast se sekulárním pracovním dnem a prioritami jiných lidí vyvstává velice jasně. Zakladatel sboru jde opačným směrem než většina ostatních lidí. Rizika, jimž jste vystaveni, když se stanete zakladateli sboru, vás mohou svádět k tomu, abyste si zvolili něco jiného. Pokušení má mnoho tváří, ale já bych se rád zaměřil na jedno konkrétní, které jde ruku v ruce s pocitem, že „plujeme proti proudu".

Když se ve Skandinávii setkáte s někým, koho neznáte, normálně mu položíte dvě otázky. První je: „Jak se jmenujete?" a ta druhá: „Čím se živíte?" Naše identita spočívá většinou v tom, co děláme. Kultura zaměřená na kariéru k zakladatelům sboru příliš nevzhlíží a ani na žebříčku společenského postavení je nestaví příliš vysoko. V identitě zakladatele sboru musí být pevně zakořeněny ocenění a respekt a ve chvílích, kdy narazí na očekávání jiných lidí, si musí znovu připomínat, k čemu ho Bůh povolal.

Neshody, napětí a konflikty mohou vzniknout ve všech stadiích zakládání sboru. Dá se to vysvětlit pomocí termínů z oblasti organizační psychologie – anebo pomocí duchovních vysvětlovacích modelů. Během těchto procesů se obvykle objeví někdo, kdo se rozhodne odejít nebo ukončit svou dobu služby – a to může u zakladatele sboru vyvolat pocit ztráty či odmítnutí. Když se takové věci přihodí, je důležité si pamatovat, že takovéto situace se stávají každému vedoucímu bez ohledu na to, kdo jím je. Je dobré procvičit si zvládání a analýzu těchto situací. Velmi pomůže, budete-li mít někoho, s kým si budete moci svobodně promluvit.

Cesta k dosažení vašich cílů při zakládání sboru se občas může zdát dlouhá. Když pak nastanou změny i ve vašem soukromém životě – třeba se vám narodí dítě – může se vaše původní nadšení pro službu dostat do konfliktu s dalšími závazky. V těchto situacích je důležité, aby lidé, kteří zakladateli sboru poskytují podporu a dohled, včas zachytili signály a pomohli vedoucímu znovu získat správné zaměření i načerpat novou energii.

Během zakládání sboru se objevuje řada dalších pokušení a výzev, které mohou vyvolat pocit, že by bylo nejlepší celý projekt ukončit. Může být těžké mobilizovat dobrovolníky nebo zajistit nezbytné finanční prostředky, mohou se objevit konflikty s dalšími lidmi ve sboru, protože budou mít pocit, že je služba zakládání sboru ohrožuje, osobní těžkosti a osobní pochybnosti o vlastních dovednostech a kapacitě. V takových situacích existují dvě východiska: buď můžete utéct a schovat se, nebo vystoupit z vlastní zóny pohodlí a zamířit k osobnímu rozvoji a růstu, který vám pomůže problémem projít.

M2-1-5   Vysláni spolu

M2-1-5-1   Role vedoucího

V části M1 jsem se zabýval otázkou, ke komu jste posláni, a Terje Dahle psal o tom, jak budovat základní tým. Terje se zmínil o významu složení a dynamiky týmu. Já si teď dovolím upozornit vás na další možné pohledy týkající se narušení zóny pohodlí.

Zakládání sboru je možné, jen když se skupina lidí shodne, že soustředí svou energii na práci vedoucí ke společnému cíli. Podle mne je zakladatel sboru tím, kdo během vytváření sboru funguje jako jakýsi „pluh". Vedoucí není vedoucím, dokud ho někdo nenásleduje. Způsob, jakým lidé následují vedoucího, se bude v různých fázích zakládání sboru lišit.

V průkopnické fázi vedení používá direktivní styl. Vedoucí řídí rozhodnutí a priority, čímž zajišťuje, že práce postupuje kupředu. V této fázi funguje přítomnost vedoucího a jasnost komunikace jako výkonná autorita týmu, která od členů týmu vyžaduje nerozdělenou pozornost.

Ve fázích, které budou následovat – ve stadiu struktury, stadiu delegování a stadiu koordinace – se styl vedení mění proporcionálně k míře růstu služby zakládání sboru. Během těchto fází se služby rozvíjejí, lidem jsou svěřovány pravomoci, předává se jim zodpovědnost a tak dále. Zakladatel sboru, pro něhož je těžké poskytnout prostor jiným, aby mohli pracovat, bude mít problém udržet byť i jen status quo – a vystavuje se riziku, že vznikající sbor zadusí ještě dřív, než vůbec vznikne. Je však známým faktem, že mnoho zakladatelů sborů se dopouští právě této chyby. Tato chyba nemusí mít jen praktické důsledky pro tým – je též porušením základní identity „společenství těch, kdo jsou povoláni". K tomu se vrátíme později.

V rámci našeho vlastního církevního kontextu to byli právě naši supervizoři a poradci, kdo zásadním způsobem pomáhal našim hlavním vedoucím pochopit tuto dynamiku. Díky tomu jsme neustále kladli na přední místo rozhodování, školení a rozvoj velkého počtu vedoucích, kteří byli připraveni vzít na sebe větší zodpovědnost, když se sbor začal posouvat do dalších stadií rozvoje.

Pochopení této skutečnosti musí přijít nejprve od hlavního vedoucího týmu, který musí umožnit, aby tým mohl reagovat na vedení. Jeden z našich nadřízených mě jednou varoval, že míra rozvoje našich nových vedoucích v jednom z našich odborů byla příliš nízká, a poznamenal: „Když s tím teď nic neuděláš, za rok až rok a půl budeš mít potíže." Něco jsme s tím udělali a podařilo se nám vyhnout se krizi v onom odboru, která by v konečném důsledku měla dopad na celý sbor. Důležité je, že zakládání sboru znamená dát lidem možnost sloužit tak, abychom mohli budovat sbor *společně*.

M2-1-5-2 Role týmu

Existuje řada teorií o tom, jak by se měl tým sestavit, a já vám mohu říct jen to, co jsme jako důležité v praxi viděli my. Za prvé, dbám na to, aby mezi vedoucími fungovala dobrá „chemie", tedy abychom mohli dobře spolupracovat a chovali se k sobě navzájem ohleduplně. S tím souvisí uvažování o specifických funkcích v týmu, které potřebujete, a jejich obsazení podle těchto potřeb. Obtíž u tohoto přístupu spočívá v tom, že nakonec budete lidi hledat a angažovat kvůli jejich *schopnostem*. Věříme, že schopnostem a dovednostem se dá naučit, zatímco vztahová „chemie" a postoje v týmu se formují daleko hůře.

Jak se práce rozrůstá a připojuje se více lidí a k zajištění chodu sboru vznikají různé týmy, je riziko vytváření týmů na základě dovedností a funkcí mnohem nižší. V určitém okamžiku bude naprosto nezbytné, aby v týmu byly zastoupeny určité typy lidí, aby byla zajištěna stabilita a pokrok.

Základním principem spolupráce týmu vedoucích je to, že každý člen věří v motivy, model a metodu hlavního vedoucího. Měla by existovat základní důvěra v motivy vedoucího coby zakladatele sboru, která by obstála i za náročných okolností. V moderním církevním životě existuje mnoho modelů, jak formovat církev, je proto důležité, aby tým zůstal věrný modelu, s nímž začal. Volba modelu určuje metodu, kterou pro budování sboru použijete – tedy praktickou realizaci sborové práce, založenou na kombinaci vize, hodnot a strategií sboru. U nás ve Skandinávii, kde je kultura silně ovlivněná myšlenkami rovnosti a konsensu, musí tým uvést do souladu osobní postoje k vedení, aby bylo možné vyjasnit očekávání týmu ohledně osoby, která funguje jako architekt průkopnické práce.

V zákulisí mnoha problémů, na něž při zakládání sborů narážíme, bohužel stojí nesouhlas ohledně struktury autority a vedení.

M2-1-5-3 Jak budovat tým

Pro vybudování sboru, který vydrží, je zapotřebí silný tým. Když už budování našeho sboru poměrně pokročilo, řekl jsem svým nejbližším vedoucím, že nepotřebuji tým lidí, kteří chtějí *zakládat* sbor, ale tým, který bere vážně, *kam chceme v budoucnu dojít*. Dobrý tým se dá popsat pomocí slov: *dovednosti, ochota učit se, autorita* a *vztah*.[218]

Dovednosti: Dovednostem se člověk může naučit, ale členové týmu musí projevit ochotu učit se novým věcem a přidávat je k těm, s nimiž do týmu přišli. V týmu zakládání sboru však jen zřídka vytváříte specialisty. Místo toho dáváte členům týmu široké spektrum možností vést. Pro mne je důležité, aby žádný z našich vedoucích neměl „monopol" na určitý úkol nebo odbor, ale byl dostatečně pružný, aby naplnil potřeby, které je nutné naplnit.

Ochota učit se: Podmínkou pro osobní růst je rozvíjení ochoty učit se, což je jedna z nejlepších prevencí proti pocitu vlastní důležitosti, soutěživosti a uspokojení sebou samým. Týmový pracovník musí žít ve stavu osobní obnovy a učení se a nalézat radost v přítomnosti mistrů.

Autorita: Ti, kdo jsou pod autoritou, praktikují autoritu. Kultury založené na rovnosti (jako ty ve Skandinávii) obzvláště potřebují položit biblické základy pro to, jak zvládat a přijímat autoritu. Ti, kdo k autoritě (a zodpovědnosti) přistupují čestně, budou také na oplátku čtěni těmi, za něž nesou zodpovědnost.

Vztah: Vztahy v týmu se nerozvíjejí samy od sebe, ale jsou formovány prostřednictvím záměrného vzájemného kontaktu. Posilování „chemie" v týmu si vyžaduje, abychom vystoupili ze svých týmových rolí a snažili se navzájem se poznat za všech okolností, což bude představovat výzvu pro naši zónu pohodlí.

Síla týmu vedoucích je indikátorem síly sboru. Věnujeme-li čas a prostředky tomu, abychom posílili základní tým, bude to dobrá investice do celého sboru. A pokud je v církvi někdo, kdo by měl znát vaše životní povolání, měli by to být lidé ve vašem základním týmu. Bible jasně říká, že Bůh je Bohem, který *vysílá* – a vysílá lidi *společně*.

---

[218] V angličtině *Skills, Teachability, Authority* a *Relationship*, ve zkratce STAR. Tento model zčásti vypracoval Wilson Scott, ale autorská práva na zkratku nejsou známa.

M2-1-6 Shrnutí

Průkopnická práce nás nutí vystoupit z osobní zóny pohodlí mnoha různými způsoby. V tomto stručném textu jsem zdůraznil několik způsobů, jak stimulovat vaše přemýšlení o této problematice coby zakladatele sboru. Vy sami nejlépe znáte své zóny pohodlí, a tak vás chci vyzvat, abyste si jich byli vědomi, až budete získávat učedníky na místech, kam jste posláni.

M2-2

Milovaný a vyslaný – Arne Skagen

[219] Jozue 1,9

[220] Jan 17,18

[221] Viz Matouš 10,40 a Jan 13,20

M2-2-1 Úvod

Jsme Bohem vysláni s určitým posláním. Tady jsou základní principy: Když přijmeme Ježíše, narodíme se do Božího království. Poté jsme vysláni s Božím královstvím – se vším, co Bůh může nabídnout: jeho láskou, pokojem, mocí a autoritou.

Bůh nás nevysílá na misii, aby nás pak nechal, ať se s tím nějak popereme sami. Velké poslání – jít do celého světa s dobrou zprávou, křtít a získávat učedníky – je *Mission Impossible – pro nás*, ale ne pro Boha. „Já jsem s vámi po všecky dny," ujišťuje Ježíš učedníky v Matoušovi 28 poté, co je vyslal do celého světa.

Bůh řekl přesně totéž Mojžíšovi, když ho poslal, aby osvobodil Izraelce z egyptského otroctví. Když byl později povolán Jozue, aby převzal Mojžíšovo postavení vůdce a dovedl lid do zaslíbené země, slyšel podobná slova: „Nepřikázal jsem ti snad: Buď rozhodný a udatný, neměj strach a neděs se, neboť Hospodin, tvůj Bůh, bude s tebou všude, kam půjdeš?"[219] „Já jsem s vámi po všecky dny." Ježíš je s námi a v nás prostřednictvím svého Ducha.

V Janově evangeliu Ježíš říká více než čtyřicetkrát, že ho poslal Bůh. A stejně tak jsme podle jeho slov posláni i my, jeho následovníci: „Jako ty jsi mne poslal do světa, tak i já jsem je poslal do světa."[220]

Ježíš nepochyboval o tom, kdo ho poslal. My jako křesťané musíme žít s vědomím toho, že jsme posláni a kdo nás poslal. „Kdo přijímá vás, přijímá mne," říká Ježíš, „a kdo přijímá mne, přijímá toho, který mne poslal." [221]

Toto prohlášení má znamenat, že když sdělujete evangelium lidem a oni vám naslouchají – naslouchají vlastně Ježíši! Když přijímají nás, přijímají Ježíše.

„Ale já prostě nevím, co říct lidem nebo co si počít s lidmi, kteří s Ježíšem nežijí!" můžete v duchu namítnout. „Vždycky znervózním a prostě se *bojím lidí!*" Uvolněte se! Tyhle myšlenky a pocity nemáte jen vy. Spousta lidí je na tom stejně. Stačí, když si vzpomenete, že *Duch svatý* nervózní není. *Lidí se nebojí* ani za mák! Duch svatý nás chce naučit, jak s ním spolupracovat, když se setkáme s jinými lidmi. Pomůže nám bát se *Boha*, ne lidí. Nedovolte, aby vám strach diktoval, co můžete a nemůžete dělat, říkat nebo neříkat. Místo toho dovolte Duchu, aby vás vedl – je to rádce a přímluvce, který žije ve vás. Musíme pamatovat na to, že Ježíš přišel na tento svět a byl jako my – až na to, že nikdy nezhřešil. Na Duchu svatém byl ale závislý stejně jako vy a já. Skutky 10,38 mluví o tom, že „Bůh obdařil Ježíše z Nazareta Duchem svatým a mocí, Ježíš procházel zemí, všem pomáhal a uzdravoval všechny, kteří byli v moci ďáblově, neboť Bůh byl s ním."

No dobrá. Tak jsme *posláni*. Ale co je naším posláním? Co jsme posláni říkat a *dělat*?

Když Ježíš stál na počátku své veřejné služby před shromážděním v synagoze v Nazaretu, kde žil, rozvinul svitek a četl z proroka Izajáše: „,Duch Hospodinův jest nade mnou; proto mne pomazal, abych přinesl chudým radostnou zvěst; poslal mne, abych vyhlásil zajatcům propuštění a slepým navrácení zraku, abych propustil zdeptané na svobodu, abych vyhlásil léto milosti Hospodinovy.'"

Pak svitek svinul a řekl: „Dnes se splnilo toto Písmo, které jste právě slyšeli."[222]

Jsme posláni, abychom dělali totéž co Ježíš.[223] Naším posláním je kázat dobrou zprávu, osvobozovat zajaté, vracet slepým zrak a hlásat léto Hospodinovy milosti.

To dokážeme dělat jedině tehdy, když budeme žít svůj život naplněni Ježíšovým Duchem, chápat, kým jsme v něm a co v něm máme, a když se naučíme každý den spolupracovat s Duchem svatým.

[222] Lukáš 4,18-21; Izajáš 61,1-2
[223] Jan 14,12

M2-2-2 Poháněný láskou

M2-2-2-1 Království Boží v domově důchodců

Sára pracuje v domově důchodců. Už řadu let se modlí za lidi, kteří tam žijí. Sára má tyto staré lidi moc ráda a jednoho dne ji její láska dovedla k tomu, aby s tím něco udělala. Zašla za ředitelem domova a zeptala se, jestli by nevadilo, kdyby pozvala několik přátel z církevního společenství, aby si s obyvateli popovídali – a modlili se za ně.

Ředitel byl trochu překvapený, ale řekl, že by to asi šlo. „Tedy pokud to bude důstojné," dodal.

Jsem jedním ze Sářiných přátel a také jeden z dvou lidí, kteří s ní tehdy do domova důchodců šli.

Setkat se s lidmi, kteří prožili dlouhý život, může být opravdu zajímavé. Spousta z nich má o čem vyprávět. A zároveň – když se s nimi trochu sblížíte – vám řada z nich řekne, že cítí trochu úzkost, když myslí na budoucnost. Přesáhli již průměrný věk dožití a domov důchodců pro ně může být prakticky poslední zastávka. Co se stane pak? Dá se doufat v něco dalšího? [224] Jan 3,16

Mluvili jsme s lidmi a pověděli jim evangelium. Říkali jsme jim o Božím plánu spasení, proč Ježíš přišel a co přišel dát: *budoucnost a naději*. Několik lidí prožilo dotek Boží lásky, v pár očích se zaleskla slza. Další nás brali za ruce a ujišťovali nás, jak moc jsou rádi, že jsme přišli.

U jednoho stolu seděla paní jménem Judith. Pozorně poslouchala, co jsme říkali o evangeliu. Když jsme se jí zeptali, co si o tom myslí, odpověděla: „Věřím tomu."

Přisedli jsme si k ní, vytáhli Bibli a přečetli jí verš:

„Vyznáš-li svými ústy Ježíše jako Pána a uvěříš-li ve svém srdci, že ho Bůh vzkřísil z mrtvých, budeš spasen."

„Chcete přijmout Ježíše?" zeptali jsme se.

„Ano, chci!" odpověděla Judith, nahlas a jasně. A prostými slovy pozvala Ježíše do svého života.

Judith byla první, kdo byl spasen, ale ne poslední, onoho dne to udělalo ještě pět dalších lidí.

Sára je přirozeným centrem, kolem kterého se tito staří lidé shromažďují. Několikrát týdně se schází k modlitbám, studiu Bible, na kávu a prostě aby si popovídali. A to vše v jednom domově důchodců na západním pobřeží Norska.

M2-2-2-2 Boží láska je vylita do našich srdcí

Sářin příběh z domova důchodů nám ukazuje, co musí být hnací silou jakékoli evangelizace: Boží láska.

Bůh miluje lidi. Bůh miluje všechny lidi, a to tak, že byl ochoten všechno obětovat. „Neboť Bůh tak miloval svět, že dal svého jediného Syna, aby žádný, kdo v něho věří, nezahynul, ale měl život věčný."[224]

Podstatou evangelizace není to, co můžeme udělat a čeho můžeme dosáhnout my, ale to, co již udělal Bůh – prostřednictvím Ježíše.

[225] Římanům 5,5
[226] 2. Korintským 5,14
[227] 1. Timoteovi 2,1-4

Bible nám dále říká, že Boží láska „je vylita do našich srdcí skrze Ducha svatého, který nám byl dán".[225] Právě tato láska nás motivuje, když říkáme jiným lidem o Ježíši. Pavel napsal: „Vždyť nás má ve své moci láska Kristova."[226]

Setkal jsem se s mnoha křesťany, kteří mají černé svědomí, když se mluví o evangelizaci. Vědí, že by měli dalším lidem říkat evangelium, ale uvnitř mají pocit, že evangelizace je těžké břemeno a nepříjemná povinnost.

„Pokud to cítíš takto," říkám vždy, „pak bys evangelium říkat neměl! Nech to plavat."

Lidi moje odpověď obvykle překvapí. Některé dokonce vyprovokuje. „Copak nechceš, aby lidé slyšeli evangelium? Nechceš, aby lidé byli spaseni?"

Samozřejmě, že chci. Ale dobrá zpráva je *dobrá zpráva*. Je to poselství o Boží lásce k nám prostřednictvím Ježíše Krista. Je důležité, aby balení odpovídalo obsahu a aby posel neodporoval poselství. Jsme-li motivováni pocitem povinnosti nebo viny, je nám zatěžko mluvit o Boží lásce. V takovém případě toho můžeme klidně nechat.

Evangelium je o Boží lásce. Sáru nemotivuje pocit povinnosti ani špatné svědomí, ale láska, která pochází od Boha. Boží láska k lidem v domově důchodců je díky Sáře nakažlivá. Sára lidem dobrou zprávu jen neříká, ona dobrou zprávou *je* osobně.

M2-2-3 Modlitební podpora

Je zcela zásadní, aby evangelizace byla motivována Boží láskou. Stejně tak je ale důležité, aby stála na základě modlitby. Veškerá evangelizace začíná modlitbou. Jak jednou řekl John Wesley: „Celé Boží dílo se koná prostřednictvím modlitby."

Pavel ve svém dopise Timoteovi píše: „Na prvním místě žádám, aby se konaly prosby, modlitby, přímluvy, díkůvzdání za všechny lidi." Ve stejném textu vysvětluje, proč je modlitba tak důležitá: protože Bůh chce, „aby všichni lidé došli spásy a poznali pravdu". [227]

Když se modlíme, připravujeme cestu Bohu, tak jako Jan Křtitel připravoval cestu pro Ježíše. „Připravte cestu Páně, vyrovnejte mu stezky! Každá propast bude zasypána, hory i pahorky budou srovnány; co je křivé, bude přímé, hrbolaté cesty budou rovné; a každý tvor uzří spasení Boží."[228]

V životech lidí, za něž se modlíme, jsou vysoké hory, hluboká údolí, křivé cesty a hrbolaté stezky – věci, které jim brání vidět Boží spásu. „Připravte cestu Páně" je bojovým pokřikem pro všechny, kdo se modlí, a strategie, kterou můžeme použít ve svém modlitebním životě.

Jak bychom se ale měli modlit? To není vždy snadné poznat: „Vždyť ani nevíme, jak a za co se modlit."[229] Naštěstí máme Ducha svatého. On sám „se za nás přimlouvá nevyslovitelným lkáním".[230] Zná ty, za něž se modlíme. Zná jména vysokých hor a hlubokých údolí v jejich životech. Ví, kde jsou křivé cesty a které stezky jsou hrbolaté.

Duch svatý tyto překážky zná. Nepotřebujeme používat své modlitby k tomu, abychom ho informovali o tom, co by měl v životě člověka udělat. Místo toho můžeme Duchu svatému dovolit, aby informoval on nás. Potom často zjistíme, že my sami se stáváme odpovědí na své modlitby. Když se modlíte za sousedy, spolupracovníky a spolužáky, měli byste být připraveni na to, že Bůh přijde, ukáže na vás a řekne: „Chystám se požehnat těmto lidem skrze *tebe*!"

Kvůli tomu bychom měli na konci svých modliteb vždy dodat: „Tady jsem, Pane! Pošli mě!"

M2-2-4 Blízko Ježíši – blízko lidem

Evangelizace se může rychle stát jen další sborovou aktivitou jako všechny ostatní. Pro mě je evangelizace život a životní styl. Evangelizace je o lásce k Ježíši a praktickém vyjádření této lásky tím, že ho poslouchám a dělám to, oč mě žádá.

„Neboť Syn člověka přišel, aby hledal a spasil, co zahynulo,"[231] řekl Ježíš, když zachránil výběrčího daní Zachea. Následujeme-li Ježíše, povede nás ke ztraceným, aby je on – ne my – mohl zachránit.

To si však vyžaduje, abychom žili tak blízko Ježíši, že uslyšíme jeho hlas a budeme se jím řídit. „Kdo zůstává ve mně a já v něm, ten nese hojné ovoce; neboť beze mne nemůžete činit nic,"[232] říká Ježíš.

[228] Lukáš 3,4-6

[229] Římanům 8,26

[230] Římanům 8,26

[231] Lukáš 19,10

[232] Jan 15,5

[233] 1. Janův 1,1
[234] Římanům 5,5
[235] Jan 3,16

Ježíš se dal prvním učedníkům novým způsobem poznat: „Co bylo od počátku, co jsme slyšeli, co jsme na vlastní oči viděli, na co jsme hleděli a čeho se naše ruce dotýkaly, to zvěstujeme: Slovo života."[233]

O dva tisíce let později můžeme totéž prožít i my, protože „Boží láska je vylita do našich srdcí skrze Ducha svatého, který nám byl dán".[234] Dovolte, aby vás tato láska vedla k druhým lidem. Ona je větší než strach z člověka a obavy z toho, co by mohli říci jiní. Boží láska, která je vylita do našich srdcí, je tatáž, která vedla Boha k tomu, aby poslal svého jednorozeného Syna, aby „žádný, kdo v něho věří, nezahynul, ale měl život věčný".[235]

M2-3

Žeň je zralá – Arne Skagen

M2-3-1 Úvod

Byl jsem pozván jedním sborem, abych vedl seminář o tom, jak dělat evangelizaci. Jednalo se o velký sbor s několika stovkami členů. Byl to také sbor, který ztratil odvahu. Lidé na semináři jeden po druhém vstávali a stěžovali si, jak málo otevřenosti je ve městě vůči evangeliu a jak nepatrný zájem lidé dávají najevo. Sbor se snažil oslovit nové lidi – opravdu se snažil. Iniciativa a aktivita jim nechyběly. Pověděli mi, že dělali spoustu práce s minimem ovoce. V posledních letech uvěřil jen jeden člověk.

Poslouchal jsem, co říkají. Očividně byli zklamaní a zastrašení. Poté, co jsem slyšel o jejich negativních zkušenostech, to bylo pochopitelné. Po chvíli jsem se rozhodl, že se zeptám Ducha svatého, jak situaci ve městě vidí on. Byly věci opravdu tak „zaseknuté", jak se zdálo? Duch svatý odpověděl tím, že mě naplnil očekáváním a radostí – očekáváním, že opravdu chce v tomto městě něco udělat, a radostí při myšlence na všechny ty lidi, kteří budou prožívat Boží lásku.

Během setkání jsem se s tímto sborem podělil o očekávání a radost, které jsem cítil. Zmínil jsem jména několika lidí, o nichž jsem věřil, že mi je Duch svatý připomněl (občas se stane, že ke mně promluví tímto způsobem – položí mi na mysl nějaké jméno. K vám může Duch mluvit jinak, protože ke každému z nás mluví tisíci různými způsoby).

Zmínil jsem celkem asi deset nebo patnáct jmen. U každého jména, které jsem uvedl, někdo z posluchačů přikývl. „Tito lidé jsou žeň," řekl jsem. „Modleme se za ně."

Když jsme se modlili, povzbudil jsem ty, kteří tyto lidi znali, aby byli v následujících několika dnech odvážní. „Řekněte jim o Boží lásce způsobem, který je pro vás přirozený." Také jsem je požádal, aby tyto lidi pozvali na setkání nebo do malé skupinky ve sboru.

Mnoho lidí pozvání přijalo (překvapivě mnoho, jak si mysleli ti, kdo je zvali). Řada z nich během následujících dní přijala Ježíše. A další přišli později, když jsme poslouchali Ducha svatého a jednali podle jeho pokynů.

M2-3-2 Žeň je mnohá

[236] Lukáš 10,2

M2-3-2-1 Co je žeň?

„Žeň je mnohá," říká Ježíš. Nesnaží se toto prohlášení nějak ospravedlnit. Jen konstatuje to, co už je skutečností. Není o čem diskutovat: žeň *je* hojná.

Není to žeň, zač se Ježíš přimlouvá v Lukášovi 10. Místo toho se Ježíš přimlouvá za dělníky, kterých je málo. „Žeň je mnohá, dělníků málo. Proste proto Pána žně, ať vyšle dělníky na svou žeň."[236] „Mnohá žeň" znamená „mnoho lidí". Aspoň to jsem si vždycky myslel. Domnívám se však, že nám Ježíš chtěl slovy „mnohá žeň" říci něco *víc*. Je proto důležité, abychom pochopili, co má na mysli.

Co *je* žeň? Žeň popisuje pokročilý stav, pozdní stadium jistého procesu. Do země je zaseto semínko, které díky světlu a vodě začne klíčit a po čase si prorazí cestu povrchem půdy. Teď stojí na poli jako zralý klas připravený ke žni – semínko dospělo do stavu, kdy je zralé ke žni. S lidmi to funguje podobně. Ve svém hledání Boha dojdou tak daleko, že se jeví jako zralí ke žni. Nepotřebují už žádné další důkazy o Boží existenci. Nepotřebují už dostávat další letáčky či pozvánky na sborové večeře. Potřebují, aby si jich někdo všiml, vzal je vážně a provedl je posledními kroky k Ježíši. Když Ježíš říká, že žeň je hojná, myslí tím to, že mnoho lidí je připraveno přijmout jej a jeho spasení.

M2-3-2-2 Dotýkáte se žně

Asi znáte úsloví, že člověk „pro stromy nevidí les". Já to obracím a tvrdím: „Kvůli lidem nevidíme žeň." To je naší největší výzvou v práci na žni: Ježíš říká, že žeň je mnohá, ale nám to tak nepřipadá.

Naše největší výzva je nejdůležitější strategií nepřítele. Nepřítel chce, abychom věřili, že žeň je chabá a že tahle chabá žeň, která vyžaduje obrovskou hromadu práce a námahy, se možná nakonec přes svou velkou neochotu přece jen nechá sklidit. A zdá se, že naše vlastní zkušenost to potvrzuje: evangelizace a sklizeň představují namáhavou a komplikovanou práci spojenou se spoustou úsilí a jen malým množstvím ovoce.

Věřím, že Ježíš nám chce ukázat způsob práce, který bude vyžadovat méně námahy, ale přinese více ovoce. Jednou jsem měl sen: Stál jsem uprostřed obrovského a rozlehlého pole. Prostíralo se do všech stran a vlnilo se, kam až oko dohlédlo. Ať jsem se podíval kamkoli, všude jsem viděl zralé obilí. Byl to pozoruhodný pohled a naplňoval mě nadšením. Po chvíli se ale toto nadšení změnilo ve frustraci. Stál jsem tam uprostřed onoho obrovského žlutého obdélníku a zoufale jsem se rozhlížel kolem sebe. „Pane!" volal jsem. „Kde bych měl začít se sklizní? Snad tady? Nebo by bylo lepší začít na druhé straně – tamhle? Jak bych se do toho měl pro všechno na světě pustit?"

Pán žně odpověděl: „Arne, podívej se dolů." A pak jsem si všiml, že se špičky mých bot dotýkají několika zralých klasů. Pán žně řekl: „*Tady* máš začít. Sklízet můžeš jen to, čeho se sám dotýkáš."

Tento sen mě naplnil radostí a pokojem (a to bylo znamení, že přišel od Boha). Když jsem se druhý den ráno probudil, cítil jsem úlevu. Uvědomil jsem si, že se nemusím snažit najít žeň – viděl jsem, že jsem jí obklopen.

Chci vás povzbudit, abyste se modlili, aby vám Ježíš, Pán žně, otevřel oči. Dovolte mu, aby vzal vás a vaše věřící přátele na procházku. Jděte se s Ježíšem projít po svém okolí, pracovišti, mezi přátele a rodinu. Požádejte ho, aby vám ukázal, co se v těchto lidech a jejich životech odehrává. Dívejte se, naslouchejte a vciťte se, mějte všechny své smysly otevřené. Dovolte, aby se vás dotýkalo to, co vám Ježíš ukazuje. A pokud zpočátku nic takového nezažijete, neztrácejte odvahu. Chystáte se vydat na cestu objevování spolu s Pánem žně. On je Pán, vy jste učedníci. On je učitel, vy jste žáci, kteří se učí. Buďte trpěliví a důvěřujte mu, věřte, že učitel ví, co dělá.

„Pojďte a následujte mne," řekl Ježíš svým prvním učedníkům, „a já vás vyšlu, abyste se stali rybáři lidí."[237]

Totéž říká vám i mně dnes. Jedna z prvních lekcí je tato: jsme obklopeni zralou žní.

[237] Matouš 4,19; Marek 1,17

M2-3-2-3 Syndrom 4M

Ježíš a jeho učedníci jdou z Jeruzaléma do Galileje. Zkrátí si cestu přes Samařsko, oblast, kterou řada Židů raději obešla, než aby jí procházela, protože nenáviděli Samařany.

Když unavení a hladoví dorazí k Sycharu, učedníci zmizí do města, aby sehnali něco k jídlu. Ježíš s nimi nejde. Posadí se u studny na okraji města. A tady se setká se ženou, která vede hříšný život. Ježíš o tom dobře ví, ale nesoudí ji. Místo toho k ní přistupuje s láskou, která způsobí, že žena zapomene na to, proč vůbec ke studni přišla. Nechává tam džbán, utíká zpět do města a všechny, koho potká,

[238] Jan 4,27-35

[239] 2. Korintským 6,2

[240] Jan 4,39

zve: „Pojďte se podívat na člověka, který mi řekl všecko, co jsem dělala. Není to snad Mesiáš?" Když učedníci našli Ježíše u studny, pořád dokážou myslet jen na jídlo: „Mistře, pojez něco!" Ježíš odpovídá poměrně rázně: „Můj pokrm jest, abych činil vůli toho, který mě poslal, a dokonal jeho dílo." A pak učedníky napomíná: „Neříkáte snad: Ještě čtyři měsíce a budou žně? Hle, pravím vám, pozvedněte zraky a pohleďte na pole, že již zbělela ke žni."[238]

Zdá se, že mnoho křesťanů má dnes stejný postoj jako učedníci v Sycharu: „Dnes ne. Ale možná se skvělé věci stanou za čtyři měsíce." Já tomu říkám „syndrom 4M" (syndrom čtyř měsíců). Mezi Božími lidmi je široce rozšířený. Ve svých modlitbách a v tom, co od Boha čekáme, máme jakýsi čtyřměsíční nárazník. Bůh prohlašuje: „Hle, nyní je čas příhodný, nyní je den spásy!"[239] My ale říkáme: „Správný čas bude asi tak za čtyři měsíce; *pak* přijde den spásy!"

Tyto čtyři měsíce navíc představují náš nedostatek zkušeností (nebo naopak nadbytek negativních zkušeností) se žní. Když všechna svá očekávání přesuneme do budoucnosti, chráníme se před dnešním zklamáním a selháním. Problém spočívá v tom, že se tím zaštiťujeme také před příležitostmi, které nám Bůh dává přímo tady a teď. Naprosto přestáváme očekávat, že lidé mohou být spaseni dnes.

Žena u studny v Sycharu syndromem 4M netrpěla. Nezůstala jen sedět a nečekala na vhodnou příležitost k tomu, aby svědčila o Ježíši. Místo toho nechala džbán ležet u studny a utíkala přímo do města. Ukázalo se, že je plné lidí, kteří jsou zralí ke žni. „Mnoho Samařanů z onoho města v něho uvěřilo pro slovo té ženy, která svědčila..."[240]

Jen pár minut předtím byli ve městě i učedníci. Mohli toho o Ježíši říct ještě mnohem více než ona samařská žena, ale neudělali to. Jediné, co měli na mysli, bylo postarat se o vlastní potřeby: JÍDLO! HNED TEĎ! Když učedníci přišli do města, „pro lidi neviděli žeň". Všimli si žně teprve tehdy, když je Ježíš napomenul a vyzval, ať pozvednou oči a *podívají se* – na všechny ty lidi, kteří k nim přicházeli, aby se setkali s Ježíšem, protože slyšeli svědectví ženy, která zapomněla na vlastní potřeby a opravdu upřímně chtěla ostatním říci o Ježíši.

M2-3-3 Porozumět jazyku žně

M2-3-3-1 Ježíšův příklad

Ježíš už potvrdil, že žeň je zralá. Nyní uvidíme, že žeň má svůj vlastní *jazyk*. Žeň vysílá *signály*. Ona *mluví*. Pokud se naučíme rozpoznávat tento jazyk žně a uslyšíme ho, jsem přesvědčen, že jako jednotlivci i sbory prožijeme radikální změnu v tom, jak budou lidé přijímat Ježíše.

Ježíš rozuměl jazyku žně lépe než kdokoli jiný. Měl tak citlivý sluch, že dokázal rozpoznat rozdíl mezi upřímným jazykem a ne zcela upřímnými variantami jazyka žně.

Představte si bohatého mladíka, který k vám přijde a zeptá se: „Co dobrého mám udělat, abych získal věčný život?" Co byste si pomysleli? Já vím, co by napadlo mě: „Jazyk žně! Zralý klas! Podejte mi kosu!" Právě takový mladý muž přišel za Ježíšem a položil mu stejnou otázku. Ježíš mu odpověděl také otázkou: „Proč se mě ptáš na dobré? Jediný je dobrý! A chceš-li vejít do života, zachovávej přikázání!"[241]

Jak se rozhovor dále rozvíjí, začíná být jasné, že bohatý mladík chtěl hledat jen do určitého bodu: dokud nedošlo na jeho peníze. Když Ježíš ukáže na tuto oblast, odchází znepokojen. Zdálo se, že je zralý pro žeň, ale ve skutečnosti tomu tak nebylo.

Zacheus byl také bohatý – velice bohatý. Jako vrchní výběrčí daní ve službách okupačních mocností zbohatl na úkor svých spoluobčanů. Na rozdíl od bohatého mladíka však u Zachea nic nenasvědčovalo tomu, že je zralý ke žni. Dá se říct, že se postavil na okraj událostí, které se toho dne odehrávaly, když Ježíš navštívil Jericho. Pozdvižení kolem tesařova syna z Nazaretu sledoval zpovzdálí, ze zelené větve.[242]

Kdo ví, co se odehrává za víceméně zbožným výrazem na tváři člověka? Když dojde na tuto otázku, často se mýlíme. Díváme se na zevnějšek, až z toho oči přecházejí, a pak snadno můžeme dospět k ukvapeným závěrům. Ježíš to nedělá. Dívá se za hranici toho, co je vidět navenek, a všímá si toho, co se skrývá uvnitř. Onoho dne v Jerichu zvedá oči nad hlavy davu a vidí žeň na moruši. Co způsobilo, že Zacheus zapomněl na svou důstojnost bohatého člověka a vylezl na strom jako malý kluk?

[241] Matouš 19,17

[242] Lukáš 19,1-10

[243] Lukáš 19,6
[244] Lukáš 10,5-6
[245] 1. Timoteovi 2,1

Jazyk těla také může být jazykem žně. Tím, že své malé tělo dostal na strom, říká Zacheus beze slov toto: „Podívej se na mě! Podívej se na mou osamělost, mé touhy, můj pocit ztráty." Jsem přesvědčen, že v bohatých zemích světa, jako je Norsko, kde žiji, jsme obklopeni Zachey. Vidíme je? Rozpoznáváme nenápadné signály, které vysílají? Slyšíme tichý hlas žně?

M2-3-3-2 Lidé pokoje

Když Ježíš řekne Zacheovi, aby slezl ze stromu, Lukáš jeho reakci popisuje takto: „On rychle slezl a s radostí jej přijal."[243]

Takto reaguje člověk, který *je člověkem pokoje*. Přijímá Ježíše s radostí. Naslouchá tomu, co chce Ježíš říct. Přijímá nový život, který chce Ježíš dát. Nejsme povoláni k tomu, abychom setřásali lidi ze stromů proti jejich vůli. Jsme povoláni, abychom šli k těm, kdo již touží po Ježíši, k lidem, kteří si svou touhu možná ani neuvědomují.

V Lukášovi 10 Ježíš vysílá učedníky po dvojicích „do každého města i místa, kam měl sám jít". Než učedníky vyšle, dává jim jasné pokyny, komu mají věnovat čas:

> „Když vejdete do některého domu, řekněte nejprve: ,Pokoj tomuto domu!' A přijmou-li pozdrav pokoje, váš pokoj na nich spočine; ne-li, vrátí se opět k vám."[244]

Jako Ježíšovi učedníci k Bohu vysíláme „prosby, modlitby, přímluvy, díkůvzdání za všechny lidi".[245] Ale ty, s nimiž máme trávit většinu času, Ježíš označuje jako „lidi pokoje". Jsou to lidé, kteří nás přijímají otevřeně a přátelsky. Naslouchají tomu, co jim chceme říct, ptají se a odpovídají. To jsou lidé, s nimiž máme podle Ježíše trávit nejvíce času. Ne s těmi, kteří se jen chtějí hádat a vyhrávat ve sporech.

Lidí pokoje je spousta – je jich tady kolem plno! Mohu vám zaručit, že je máte i ve své vlastní síti vztahů – ve své rodině, sousedství i na pracovišti. A nejlepší na tom je, že „lidé pokoje" obvykle znají další „lidi pokoje", čímž se síť rozšiřuje.

Vezměte si list papíru a pero. Napište na papír své jméno a udělejte kolem něj kruh. Kolem tohoto kruhu nakreslete další kruhy.

Klidně se posaďte. Poproste Ducha svatého, aby vás vzal na cestu vaší sítí vztahů: od lidí, které dobře znáte, k těm, jež znáte spíše jen okrajově. Poproste

Ducha svatého, aby vám řekl, co se podle něho ve vaší síti děje. Naslouchejte mu a mluvte s ním o tom, co vám ukazuje. Do jednoho z prázdných kruhů si zapište jméno, které vám přijde na mysl.

[246] 1. Korintským 12,19-27

Vidíte? Lidé pokoje ve vaší síti již existují. Jste obklopeni žní. A to, co jste si až dosud napsali, je jen *vaše síť*. Představte si, co by se stalo, kdyby si každý člověk ve vašem sboru nebo domácí skupince sedl a nakreslil podobnou „mapu"! Pak bychom mohli zahlédnout mnohem větší žeň. Potom bychom se mohli podívat blíže na to, jak můžeme *stát společně* v práci na žni a dotknout se sítí *dalších lidí*. O tom si ale řekneme více v další části „Společně na žni".

M2-3-4 Společně na žni

M2-3-4-1 Ne o samotě

Sklizeň žně je týmová práce. Není to sólová hra. To je jedna z nejdůležitějších lekcí, které jsem se naučil jako pracovník na žni v Božím království.

Dlouhou dobu jsem byl přesvědčen, že je to právě naopak. Zajímal jsem se jen o *svou* službu a o to, co mohu udělat vlastními silami. Naštěstí mě Pán – s vydatnou pomocí mých křesťanských bratrů a sester – z mé soběstačnosti zachránil. Uvědomil jsem si, že mnohem více dosáhneme díky úzké spolupráci v pracovním týmu. A tento způsob ostatně doporučuje i Bible.

Kdyby všechno bylo jen jedním údem, kam by se podělo tělo? Ve skutečnosti však je mnoho údů, ale jedno tělo. Oko nemůže říci ruce: „Nepotřebuji tě!" Ani hlava nemůže říci nohám: „Nepotřebuji vás!" A právě ty údy těla, které se zdají méně významné, jsou nezbytné... Vy jste tělo Kristovo, a každý z vás je jedním z jeho údů.[246]

Když pracujeme společně na tom, abychom získali rodinu, přátele a sousedy dalších lidí, můžeme si navzájem pomoci tím, že budeme dělat to, co umíme nejlépe, k čemu jsme obdarováni. Není důležité, kdo co dělá. Důležité je, že všichni dělají to, oč je Bůh žádá. Někteří lidé jsou skvělí v tom, jak si dovedou všimnout lidí a vtáhnout je do skupiny. Jiní mají zvláštní schopnost naplnit konkrétní potřeby lidí. Další jsou dobří v tom, jak začít rozhovor a klást ty správné otázky. A pak jsou tady ti, kteří dostali zvláštní dar provést lidi posledními kroky k Ježíši.

Nesčetněkrát jsem viděl, jak tato interakce funguje třeba v církvi nebo domácí skupince. Pokaždé, když se to stane, je to stejně fascinující: Někdo pozve souseda, kolegu nebo kamaráda do křesťanského společenství. Na počátku je tento host možná rezervovaný a klade si otázku: „Do čeho jsem se to zapletl?" Ale pak, v příjemné atmosféře naplněné Boží přítomností, se trochu uvolní. Jeden člověk ze skupiny ho trochu povzbudí, druhý mu řekne něco moudrého, třetí mu přinese hrnek kávy a čtvrtý se pomodlí za jeho konkrétní potřeby. Právě tímto způsobem používá Ježíš křesťanské společenství – prostřednictvím těchto služeb, různých osobností a darů účastníků – aby se někoho dotkl svou láskou.

M2-3-4-2 Všechno to začalo na trajektu

John cestuje trajektem na ostrov na západním pobřeží Norska. U vedlejšího stolu sedí skupina přátel, kteří si spolu povídají. Jejich rozhovor nabírá na hlasitosti a intenzitě. Není těžké rozpoznat, o čem mluví, protože v každé druhé větě se ozývají slova „Bůh" a „Ježíš".

Johna to zaujalo, takže se diskrétně přesunul o kousek blíž. Zpočátku si ho nikdo nevšímal, ale pak zjistili, že je někdo zpovzdálí poslouchá. Jeden z nich se k němu otočil a pozdravil ho. Zpočátku to bylo trochu rozpačité, ale zakrátko ho vtáhli do rozhovoru a dobře si popovídali. Když trajekt zakotvil, zeptali se ho, jestli by nechtěl přijít na setkání, které se bude ten večer konat v domě křesťanů, kteří bydlí na ostrově.

John ten večer nemohl, ale o týden později přišel. Lidé ho tam mile přijali a otevřenost a vřelost ostatních na něho působily velmi příjemně. Když se o týden později vrátil, přivedl s sebou kamaráda Toma.

Na tomto setkání slyšel John výzvu, aby přijal Ježíše. Tahle představa nebyla pro Johna nic nového. Už o tom mockrát přemýšlel. S křivým úsměvem poznamenal: „Počkám do pondělí. Měl jsem v plánu jít o víkendu na party a opít se – naposledy." „Jasně, je to na tobě," řekl Jim, jeden z vedoucích společenství, a dodal: „Pokud si to opravdu přeješ." Tato poznámka mezi nimi dvěma odstartovala hlubší rozhovor. John začal uvažovat o tom, co *opravdu chce*. Nakonec už neviděl žádný dobrý důvod, proč to odkládat, a ještě téhož večera pozval Ježíše do svého života.

Johnův kamarád Tom byl svědkem jeho rozhodnutí. Krátce nato udělal totéž.

M2-3-4-3 Mapování sítě

Během let jsem směl pomáhat mnoha sborům s jejich prací na žni. Bez ohledu na to, jak se sbory od sebe liší, mají jednu věc společnou: když se podívají blíže na své vztahové sítě, otevírají se jim ve všech směrech nové dveře. Proces identifikace sociálních sítí otevírá oči jak členům, tak vedoucím sboru.

Pomáháme-li sboru oslovit lidi, začínáme tím, že se členů sboru ptáme: Kdo je ve vaší síti? Koho vnímáte jako příznivě nakloněného? Kdo vám naslouchá, když vyprávíte o své víře, a kdo klade zvídavé otázky? Kdo vám zaklepe na dveře, když potřebuje pomoc s nějakou praktickou věcí? Kdo k vám přichází se svými osobními problémy? Jinými slovy – nebo slovy Ježíše v Lukášovi 10: Kdo ve vaší síti je člověkem pokoje?

V této fázi mapování jsme závislí na tom, abychom prosili Ducha svatého o vedení a radu. Zná vaši síť lépe než vy. Ví, co se děje ve vašich kontaktech, kdo je vůči Ježíši nejotevřenější. Pokud Duchu svatému dovolíte, aby vám to ukázal, budete často překvapeni: Možná odvede vaši pozornost k někomu jinému, než jste si původně mysleli! Poté, co mají členové sboru čas si to promyslet a Duch svatý jim má možnost něco říct, žádáme je, aby si vzali papír a nakreslili si svou síť.

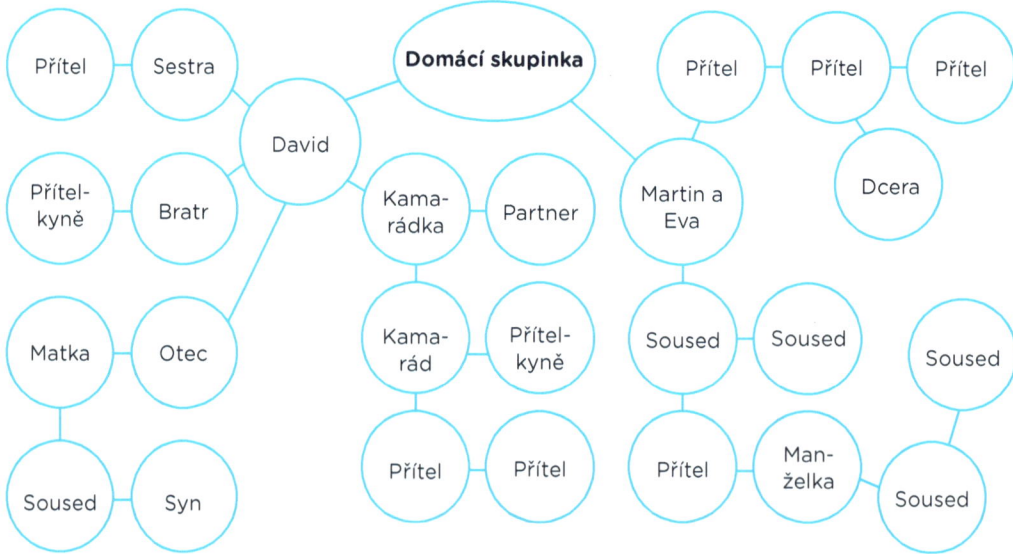

Když svůj náčrtek položíte vedle náčrtku někoho jiného, brzy zjistíte něco vzrušujícího: mezi vašimi sítěmi existují styčné body! Některá jména ve vaší síti jsou také na obrázku jiného člověka. Konečně můžeme pracovat na stejném

„případu". Můžeme se modlit za kontakty jedni druhých a vymýšlet kreativní plány na to, jak oslovit sítě dalších lidí. To zní skvěle, ne?

Na papíře jistě, ale co ve skutečném světě – funguje to?

M2-3-4-4 Příklad: Leicester, Anglie

V anglickém Leicesteru je sbor, který má asi 250 aktivních členů. Sbor během řady let stabilně, ale ne příliš výrazně rostl.

V roce 2007 se sbor začal soustřeďovat na práci na sklizni ve městě. Členové se sešli, aby se naučili, jak sdělovat lidem evangelium o Ježíši a jak říci své svědectví. Absolvovali též vyučování o tom, jak rozpoznat hlas Ducha svatého a jak se modlit za lidi. Během setkání v církvi bylo hodně času věnováno svědectvím lidí, kteří někomu už řekli evangelium nebo se modlili za nemocné.

Mým úkolem bylo identifikovat sociální sítě lidí ve sboru. Ptal jsem se jich: „Máte pocit, že vám Duch svatý říká o někom z okruhu vašich známých? Znáte někoho, komu by se hodil dotek Boží moci?"

Kladl jsem i řadu dalších otázek, abych lidem pomohl otevřít oči a uvidět žeň, která je kolem nich a čeká. Lidé byli povzbuzeni k tomu, aby byli tvořiví a poprosili Boha, aby jim ukázal nové způsoby navazování kontaktu s lidmi. Protože jsou lidé tak rozmanití, potřebujeme nacházet různé cesty, jak a kde s nimi navazovat vztahy. Mluvili jsme hodně o tom, že Duch svatý zřejmě „nenafouká" žeň přímo do sborové budovy jen tak sám. Pochopili jsme, že Duch spíše „vyfouká" lidi z budovy ven – a k čekající žni.

V červnu 2008 jsme naplánovali týden, kdy budou členové moci podniknout iniciativní kroky k lidem, u nichž měli pocit, že jim je Bůh během mapovací fáze připomínal. Lidé se výzvy chopili. Zavolali svým přátelům a sousedům, pozvali je na snídani, oběd, večeři, odpolední čaj a pozdní večeři. Uspořádali grilování, sýrové večírky a různá setkání. Členové sboru se zapojili do sítí dalších lidí a využívali obdarování a dovednosti druhých napříč sítěmi. To vše se stalo katalyzátorem věcí, které se odehrály pak.

Během následujících tří týdnů sbor viděl, jak Ježíše *denně* přijímají čtyři nebo pět lidí. Někteří byli uzdraveni z rakoviny a jiných nemocí, další osvobozeni z drogové závislosti. Než červen skončil, spousta lidí ve sboru zažila, jak jejich přátelé, sousedé a kolegové z práce prožívají znovuzrození – lidé, za něž se dlouho modlili, aniž by si uvědomili, že jsou zralí ke žni.

Někteří začali pracovat s přistěhovalci a lidmi, kteří žádali o azyl. Nabízeli praktickou pomoc svým novým spoluobčanům v jejich běžném životě – pomáhali jim vyplňovat oficiální dokumenty a zlepšovat se v angličtině. Každý týden pořádali samostatná setkání právě pro přistěhovalce, kde mnozí přijali Ježíše. Klíčem byla praktická péče a láska, kterou prožili ze strany lidí v církvi.

Přejděme tedy k rozhodující otázce: Chodí všichni, kdo v červnu 2008 přijali Ježíše, stále do shromáždění? Rád bych řekl ano, ale žel nemohu. Jen *tři ze čtyř* jsou stále aktivními členy sboru. To, co tolik z nich přimělo zůstat, byla ve většině případů skutečnost, že již měli vztah s někým ze sboru – a tyto vztahy se poté, co se stali křesťany, ještě posílily. Výchova nového křesťana začíná od prvního dne (a ve skutečnosti ještě dřív: ode dne, kdy se za něj sbor začal modlit). Skutečnost, že Ježíš chce být Pánem života každého člověka, je jasná od samotného počátku – nepřichází jako bomba po dvou letech od obrácení.

Prožívá tento sbor v Leicesteru stále stejnou míru růstu? Ne docela. Stále však vidí, že každý týden je někdo spasen. Říkají: „Zažili jsme změnu paradigmatu. Začali jsme myslet a jednat jinak."

Všechno začalo tím, že sbor vzal vážně Ježíšovu pobídku z Lukáše 10. Když se soustředili na „lidi pokoje", dostali se do kontaktu s těmi, které se chystal „navštívit sám Ježíš". Ježíš je chtěl navštívit, ale poslal lidi z církevního společenství jako předvoj. A pak přišel, přinesl spasení, nápravu a nový život.

Jsem známý tím, že občas říkám: „Pojďme na to – Ježíš přijde brzy!"

M 2 - 4

[247] Římanům 15,18-19 (ČSP)

Kázání evangelia slovem i skutkem – Arnt Jakob Holvik

M2-4-1 M2-4 1 Úvod

Podstatou zakládání sboru je výchova nových učedníků. To je poslání, které nám Ježíš dal. Bible říká, že pokud chceme získávat pro Ježíše nové učedníky, musíme kázat evangelium. Pavel, který je prototypem zakladatele sboru, shrnuje apoštolskou službu takto:

> „Neodvážil bych se mluvit o něčem, co by Kristus nevykonal skrze mne k poslušnosti pohanů, slovem i skutkem, v moci znamení a divů, v moci Ducha Božího, takže od Jeruzaléma a dokola až po Illyrii jsem dovršil zvěstování evangelia Kristova."[247]

Z tohoto textu můžeme vyčíst čtyři hlavní body:

Pavel prohlašuje, že během jeho služby působil jeho prostřednictvím Kristus. Právě Boží milost – *Kristus, který působí* – je důvodem, proč byl Pavel schopen vést pohany k poslušnosti. Když nás Bůh používá k tomu, aby vedl lidi ke spasení, nebo když se prostřednictvím našich rukou odehrají divy či dojde k uzdravení, nesmíme si slávu připsat my sami, protože je to Boží práce. Kristus působí naším prostřednictvím, takže to *on* by měl být oslaven. To je zcela základní. Střežte své srdce a vzdávejte slávu Bohu!

Pavel konstatuje, že vedl pohany k poslušnosti pod Ježíšovou vládou tím, co říkal, a že Kristovým evangeliem naplnil celou oblast „od Jeruzaléma a dokola až po Illyrii".

Pavel vedl pohany k poslušnosti „slovem i skutkem". Skutky lásky a soucit si můžeme spojit s tím, co „děláme". Je to důležitý aspekt služby Bohu ve Starém i Novém zákoně. Zde toto téma zasadíme do kontextu zakládání sboru.

Pavel říká, že to bylo jeho kázání, doprovázené znameními a divy prostřednictvím moci Božího Ducha, co vedlo pohany k tomu, aby začali poslouchat Boha. V jeho apoštolské službě je jasný prvek Boží moci.

V centru Pavlovy služby zakládání sborů a církví po celém Středomoří bylo kázání evangelia na základě moci Božího království. Z Nového zákona víme, že Boží království bylo také ústředním bodem Ježíšovy pozemské služby a služby ostatních apoštolů, takže máme všechny důvody věřit, že ve své službě zakládání sboru potřebujeme jeho moc i my. To se může stát jen tehdy, když bude Bůh působit skrze nás. A přesně to chce udělat! Bude-li se Boží láska projevovat prostřednictvím našich životů, máme veškeré důvody věřit, že se Boží slovo bude dál šířit a prostřednictvím naší služby Bohu vznikne mnoho nových sborů.

[248] Marek 1,14-15

M2-4-2 Evangelium – „Moc Boží ke spasení"

Podívejme se nejprve na *dobrou zprávu*, kterou nás Ježíš poslal kázat.

M2-4-2-1 Dobrá zpráva!

Řecké slovo *euangelion* znamená „dobrá zpráva" nebo „dobré poselství". Jsme posláni, abychom lidem kázali *dobrou zprávu*, ne špatnou zprávu! Ježíš kázal dobrou zprávu o Božím království hned od počátku:

> *Když byl Jan uvězněn, přišel Ježíš do Galileje a kázal Boží evangelium: „Naplnil se čas a přiblížilo se království Boží. Čiňte pokání a věřte evangeliu."*[248]

Počátek příchodu Božího království nastal, když přišel Ježíš Kristus, který žil, sloužil a zemřel za hříchy celého světa, vzal na sebe náš trest, porazil ďábla, hřích a smrt, byl vzkříšen k novému životu, vystoupil do nebe a poslal Ducha svatého. Poté se svědky a kazateli o Božím království, spasení a věčném životě v Ježíši Kristu stali učedníci. A nyní jsme my těmi, kdo mají k lidem ze všech národů mluvit o vládě Ježíše Krista a činit z nich jeho učedníky.

M2-4-2-2 Moc Boží, která přináší spasení, spočívá v Božím slově

V tomto kontextu je absolutně nezbytné pochopit, že Boží slovo, dobrá zpráva, *v sobě* nese moc dát nový život. Evangelium je mocí Boží, která přináší spasení. Pavel prohlašuje:

> *Nestydím se za evangelium: je to moc Boží ke spasení pro každého, kdo věří, předně pro Žida, ale také pro Řeka. Vždyť*

[249] Římanům 1,16-17

[250] Římanům 10,14-15

se v něm zjevuje Boží spravedlnost, která je přijímána vírou a vede k víře; stojí přece psáno: "Spravedlivý z víry bude živ."[249]

Tuto skutečnost vysvětluje Ježíš, když vyučuje o rozsévači. V podobenství o rozsévači je to zrno – slovo o království – které má *samo v sobě* moc přinést nový život a způsobit růst. Moc přinést spasení člověku je obsažena přímo v Božím slově. Důsledkem toho je, že když nekážeme evangelium o Ježíši Kristu a Božím království nevěřícím, nemůže být prakticky nikdo spasen. Je proto nezbytné, aby zakladatelé sboru kázali evangelium o Ježíši Kristu těm, kdo ho nepřijali jako svého Pána.

Mnohé sbory mají sklon sedět a čekat, až budou lidé spaseni. Dokonce se modlíme za to, aby se to stalo, a opravdu doufáme, že se to stane. Přesto se zdá, že se toho děje jen velmi málo. Jak ale mohou být lidé spaseni, když nepůjdeme a nebudeme jim kázat? Mějte to při zakládání sboru na mysli!

Představte si dva zemědělce, kteří chtějí, aby jim na poli vyrostly nějaké plodiny. Oba se postarají o to, aby pole bylo řádně pohnojeno a zoráno. Také dohlédnou na to, aby byl dostatek vody. Pak jeden ze zemědělců pole oseje, zatímco druhý nezaseje nic. Po čase na poli prvního zemědělce vyroste sama od sebe bohatá úroda a jeho nadšení nezná mezí. Ale druhý zemědělec to prostě nechápe: Proč *jemu* nic nevyrostlo?

Někdy si myslíme, že lidé budou spaseni, když uspořádáme setkání a různé aktivity v církvi. Nebo se domníváme, že lidé uvěří, když budeme vést slušný a poctivý život. *Musíme* říkat evangelium o Ježíši Kristu, protože víra pochází ze *zvěstování*! Pavel se ptá:

Ale jak mohou vzývat toho, v něhož neuvěřili? A jak mohou uvěřit v toho, o kom neslyšeli? A jak mohou uslyšet, není-li tu nikdo, kdo by ho zvěstoval? A jak mohou zvěstovat, nejsou-li posláni? Je přece psáno: "Jak vítaný je příchod těch, kteří zvěstují dobré věci!"[250]

My jsme těmi, kdo byli posláni, aby kázali dobrou zprávu. Proto rozsévejte hojně! Pak sklidíte velkou úrodu nových věřících, po nichž bude následovat vznik nových sborů. Dělejte to, co dělali při své práci na zakládání sborů Ježíš a apoštolové: Kažte evangelium a získávejte učedníky!

[251] Římanům 10,9

[252] Matouš 28,18-20

M2-4-2-3 Jak sklízet žeň v podobě lidí

Musíme „sklízet" lidi a učit je dodržovat všechno, co Ježíš přikázal. Nastane chvíle, kdy lidé budou připraveni činit pokání a rozhodnou se následovat Ježíše. Oni k nám ale hned nepoběží, aby nám řekli, co chtějí udělat. Je proto nutné, abychom byli připraveni naslouchat vedení Ducha ohledně správného načasování toho, kdy lidi vyzvat, aby činili pokání a začali nový život s Ježíšem jako svým Pánem.

> *Vyznáš-li svými ústy Ježíše jako Pána a uvěříš-li ve svém srdci, že ho Bůh vzkřísil z mrtvých, budeš spasen.*[251]

Při své práci na západním pobřeží Norska jsem zažil, jak kázání evangelia o Ježíši Kristu a Božím království změnilo mnoho životů. Například se mi někdy stalo, že lidé najednou pochopili evangelium, až když jsem jim je řekl. Je možné, že už dříve o Ježíši něco slyšeli, ale nikdy úplně nepochopili, co udělal zde na zemi nebo proč se to týká i jich. Smrt a vzkříšení Ježíše zůstávají historickou událostí, jejímuž významu lidé nerozumí a již věří jen zčásti. Když jim však s vírou jednoduchým způsobem vysvětluji základ evangelia, vidím, že najednou pochopí a porozumí poselství srdcem. Sdělujete-li evangelium lidem tímto způsobem, dovolujete Duchu svatému, aby jim tuto zvěst odhalil a přesvědčil je, že ve svém vlastním životě potřebují Ježíše a spasení. Kázání je ústřední částí Ježíšova poslání, které nám jako svým učedníkům svěřil.

M2-4-3 Poslání a misie

Ježíšovo pověření zní takto:

„Je mi dána veškerá moc na nebi i na zemi. Jděte ke všem národům a získávejte mi učedníky, křtěte je ve jméno Otce i Syna i Ducha svatého a učte je, aby zachovávali všecko, co jsem vám přikázal. A hle, já jsem s vámi po všecky dny až do skonání tohoto věku."[252]

[253] Lukáš 19,10
[254] Skutky 10,38

Toto vyslání platí i pro nás dnes. Jsme povoláni, abychom šli a získávali učedníky ze všech národů, aby Židé i pohané mohli uvěřit v Ježíše Krista, Mesiáše, dříve než se vrátí, jak slíbil.

M2-4-3-1 Biblický postup misie

Bible objasňuje, že misijní vyslání začíná u samotného Boha: Otec poslal Ježíše, Slovo, z nebe do temnoty země. Ježíš o sobě a svém poslání řekl: „Neboť Syn člověka přišel, aby hledal a spasil, co zahynulo."[253] Chodil z místa na místo, od města k městu a kázal dobrou zprávu, uzdravoval nemocné, vyháněl démony, odpouštěl hříchy atd. Kniha Skutků popisuje Ježíšovu službu v kostce takto:

> *Bůh obdařil Ježíše z Nazareta Duchem svatým a mocí, Ježíš procházel zemí, všem pomáhal a uzdravoval všechny, kteří byli v moci ďáblově, neboť Bůh byl s ním.*[254]

Ježíš pak vyslal učedníky po dvojicích, aby dělali totéž – nejdříve dvanáct nejbližších, pak 72. Po své smrti na kříži a vzkříšení z mrtvých učedníkům přikázal, aby vyčkali v Jeruzalémě na to, co slíbil Otec – moc z výsosti. A prostřednictvím velkého poslání je vyslal k národům.

První věc, která se stala, když z nebe na učedníky sestoupil Duch svatý, bylo to, že začali v různých jazycích kázat o Bohu. Evangelium s pomocí Ducha svatého prorazilo jazykovou bariéru. Po čase byl Štěpán ukamenován a církev v Jeruzalémě zasáhlo velké pronásledování. Dospělo to až do bodu, kdy byli všichni kromě apoštolů rozptýleni. Ve Skutcích 8,4 čteme: „Ti, kteří se z Jeruzaléma rozprchli, začali kázat evangelium všude, kam přišli." Evangelium bylo dokonce kázáno v Samařsku etiopskému eunuchovi.

A pak měl Petr vidění o tom, co je čisté a nečisté, po němž bezprostředně následovala událost v Korneliově domě, kde Duch svatý sestoupil na pohany. Působení Ducha svatého, samotného Boha, opět překročilo hranice pro kázání evangelia. Evangelium neměli slyšet jen Židé, ale i pohané. Poté šli apoštolové do jiných zemí a kázali tam, stejně jako Pavel, dokud evangelium nakonec nedorazilo až na evropský kontinent. Církevní dějiny tvrdí, že někteří z původních apoštolů také kázali v mnoha různých zemích v jiných oblastech světa.

I dnes, o více než 2000 let později, se evangelium o Božím království a Ježíši Kristu káže po celém světě, a to díky velkému poslání, kterým Ježíš pověřil své učedníky. A Duch stále působí, aby přinesl svědectví o Ježíši neosloveným lidem a národům. Tak to bude pokračovat, dokud evangelium neuslyší všechny národy.

To, co vidíme, je misijní hnutí, jež začalo u *samotného Boha*, který skrze Ježíše Krista a Ducha svatého přináší dobrou zprávu o království a spasení lidem a národům celého světa. Není to poslání pro několik vyvolených, ale mise samotného Boha, jeho láska a plán spasení, který se dnes hlásá prostřednictvím Kristova těla – církve – což jsme my. Misie je základem pro život a službu církve – ne pouze pro skupinku vyvolených lidí s mimořádnými zájmy nebo neobyčejným obdarováním. Jsme posláni kázat evangelium světu *společně*!

[255] 1. Korintským 4,20

[256] Marek 14,62

[257] 1. Korintským 6,14

[258] Skutky 1,4-5

M2-4-4 Rozměr moci

M2-4-4-1 Království Boží je spojeno s mocí

Je nezbytné, abychom pochopili Pavlův výrok: „Království Boží nezáleží v slovech, nýbrž v moci."[255] Mluvíme zde o *neviditelném* duchovním království moci, která má *viditelné* důsledky. Boží slovo nám dále říká: „A uzříte Syna člověka seděti po pravici Všemohoucího a přicházet s oblaky nebeskými."[256] Jedno z Božích jmen, která jsou zjevena v Písmu, zní „Všemohoucí".

V tomto kontextu bychom měli připomenout, že to byla *Boží moc*, co vzkřísilo Ježíše z mrtvých. Vzkříšení je jádrem plánu spasení. Tato moc působí také v nás, kdo věříme, a jednoho dne nás vzkřísí k věčnému životu.[257]

Pravda je, že Boží království je království moci, a my potřebujeme Boží moc, pokud máme být živými svědky Ježíšova vzkříšení. Vidíme, jak se to projevilo o letnicích: Teprve když Duch svatý – „moc z výsosti" – sestoupil na učedníky, byli připraveni být Ježíšovými svědky pro národy. Odvahu kázat nabyli z ohně, který na ně sestoupil. Právě to měl na mysli Ježíš, když dříve mluvil o křtu Duchem svatým.[258]

M2-4-4-2 Historický příklad z Norska: Hans Nielsen Hauge

V roce 1796 zažil Hans Nielsen Hauge, pětadvacetiletý syn norského farmáře, mocné setkání s Boží láskou a Duchem. Krátce nato začali lidé, s nimiž se setkával, činit pokání a obracet se k Bohu. Hauge cestoval po celém Norsku, kázal v moci Ducha a zároveň zakládal řadu firem a podniků. Byl to začátek mocného probuzení, které hluboce ovlivnilo celý národ a jež i dnes – o více než 200 let později – charakterizuje Norsko jako stát. Jedním ze základních kamenů

[259] Matouš 10,1
[260] Matouš 10,7-8
[261] Marek 16,15-18

tohoto probuzení bylo hnutí domácích sborů, které vznikaly v místech, kudy prošel Hauge. Lidé se scházeli po domech, aby studovali a slyšeli Boží slovo a hledali Boha v modlitbách. Hnutí „haugiánů" nakonec mělo ovlivnit Norsko na všech rovinách společnosti, od obyčejných lidí přes oblast podnikání, obchod a tisk knih až po parlament. Boží Duch a moc byli aktivní a Norsko jako stát je dodnes pod vlivem toho, co se tenkrát odehrálo.

M2-4-4-3 M2-4-4 3 Viditelné výsledky moci ve službě

Když Ježíš vyslal dvanáct apoštolů, *„dal jim moc nad nečistými duchy, aby je vymítali a uzdravovali každou nemoc a každou chorobu."*[259] A dále jim přikázal: *„Jděte a kažte, že se přiblížilo království nebeské. Nemocné uzdravujte, mrtvé probouzejte k životu, malomocné očišťujte, démony vymítejte; zadarmo jste dostali, zadarmo dejte."*[260]

Věřím, že Bůh často obdařuje lidi zvláštním způsobem svou mocí, když se vydávají na misii nebo do apoštolské průkopnické služby. Jedním z důvodů, proč potřebujeme Boží moc obzvlášť v těchto situacích, je fakt, že přinášíme Boží království do temných míst, kde mají vliv duchovní mocnosti a kde mnoho lidí žije daleko od Boha. Tito lidé potřebují být spaseni a stát se učedníky. Musí být pokřtěni vodou a naplněni Duchem svatým do nového života.

Toto prožívám ve své vlastní službě. Takové věci jako duchovní autorita a fyzické uzdravení nám nejsou dány proto, abychom se jimi mohli později nezrale chlubit, jako bychom si slávu zasloužili my. Boží moc je pro nás absolutně nezbytná, když sloužíme lidem žijícím v temnotě bez naděje. Potřebují nový život, a tak musí do věcí vstoupit Bůh. Vy i já jsme ve své službě závislí na Boží moci, aby mohlo spasení a Boží království prorazit do životů a míst nezasažených evangeliem.

M2-4-4-4 Pro všechny, kdo věří

Ve velkém poslání v Markově evangeliu Ježíš říká:

> *„Jděte do celého světa a kažte evangelium všemu stvoření. Kdo uvěří a přijme křest, bude spasen; kdo však neuvěří, bude odsouzen. Ty, kdo uvěří, budou provázet tato znamení: Ve jménu mém budou vyhánět démony a mluvit novými jazyky; budou brát hady do ruky, a vypijí-li něco smrtícího, nic se jim nestane; na choré budou vzkládat ruce a uzdraví je."*[261]

To platí pro *všechny*, „kdo věří". Je zajímavé, že Ježíš, Petr a Pavel viděli po celou dobu své služby uzdravování, osvobozování z moci démonů i znamení a divy. Když si pročtete evangelia a knihu Skutků, je těmto věcem věnováno relativně velké procento veršů. Můžeme tedy usoudit, že to Bůh určitě považoval za důležité a muselo to být nedílnou součástí příchodu Božího království skrze Božího Syna a jeho apoštoly. Pavlovo vyučování o duchovních darech – a jejich široké používání v rané církvi – nám ukazuje, že tyto faktory byly dobře známé a děly se jako součást příchodu Božího království a služby církve ve světě. Proto věřte Bohu a odvažte se vstoupit na toto pole i ve své vlastní službě.

[262] Žalm 103,3

[263] Izajáš 53,4-5

M2-4-4-5 Boží láskyplný zásah

Když nám Ježíš řekl, abychom „vzkládali ruce na nemocné a oni budou uzdraveni", musíme pozadí těchto slov hledat v tom, kdo je Bůh, a v Ježíšově službě. V Žalmech David o Bohu říká: „On ti odpouští všechny nepravosti, ze všech nemocí tě uzdravuje."[262] V Izajášovi najdeme proroctví o Ježíši:

> *Byly to však naše nemoci, jež nesl, naše bolesti na sebe vzal, ale domnívali jsme se, že je raněn, ubit od Boha a pokořen. Jenže on byl proklán pro naši nevěrnost, zmučen pro naši nepravost. Trestání snášel pro náš pokoj, jeho jizvami jsme uzdraveni.*[263]

Izajášova slova o uzdravení se opakují v Ježíšově službě v Matoušovi 8,17 v Novém zákoně. Bůh je Bohem, který uzdravuje a odpouští. To je samotná jeho podstata a vykonal to prostřednictvím svého díla spasení. Víme, že Bůh poslal Ježíše Krista, protože nás tolik miluje. Z téhož důvodu uzdravuje a vyhání démony. Ten, kdo trpí nějakou nemocí, i člověk, který je pronásledován zlými duchy, žije v hrozném otroctví. Bůh ve své lásce zasahuje, protože je miluje. Nejenže odpouští hřích, ale také uzdravuje a osvobozuje od démonů.

M2-4-4-6 Boží moc buduje víru v životech lidí

V místě, kde teď žiji, jsme viděli, jak lidé přicházejí k víře v Ježíše Krista prostřednictvím uzdravení z vážného poškození zad, těžkých fraktur kostí a ochrnutí nebo po osvobození od potíží se čtením a učením, deprese a myšlenek na sebevraždu. Na cestách jsme byli také svědky toho, jak chromí začali chodit, slepí začali vidět, hluší začali slyšet a lidé byli osvobozeni od démonů. Tímto způsobem se Bůh dotýká životů lidí a může je vést k víře v poselství.

M2-4-4-7 Již – ale ještě ne

Příchod Božího království nebude úplný, dokud se Ježíš nevrátí na zemi. Pak ustanoví své věčné a dokonalé království a nad zlem bude vynesen verdikt. Ovšem než se to stane, musíme žít v napětí mezi padlým světem a Božím královstvím, které roste jako malé hořčičné semínko zaseté do země a mění se ve stále větší rostlinu. Kvůli tomu v tomto životě prožíváme jak vítězství, tak bolest. Evangelia jasně mluví o bolesti, která je součástí následování Ježíše, zvláště o pronásledování kvůli evangeliu.

Bolest a vina lidstva jsou důsledkem pádu a my všichni tomu musíme v životě čelit. Každý člověk potřebuje milost, povzbuzení a útěchu od Boha i od druhých lidí. Bůh zároveň zasahuje do světa tím, že dovoluje přijít svému království. Je to království, které se zviditelňuje prostřednictvím lásky, milosti, odpuštění, radosti, dobrých skutků a spravedlnosti. Je to také království, kde dochází k uzdravení a osvobození a dějí se zázraky. Proto jdeme odvážně s evangeliem o spasení a s láskou k lidem, kteří žijí odděleni od Boha v temnotě, s vědomím, že Bůh jde s námi a potvrzuje poselství znameními a divy.

M2-4-5 Praktická láska – diakonická služba

Ve Skutcích 6 se dozvídáme o nové službě v církvi: *rozdělování chleba*. Poskytování praktické pomoci chudým, vdovám a sirotkům vidíme i ve Starém zákoně. Je zajímavé přečíst si v Písmu, jak byli jmenováni diakoni, aby vedli tuto službu. Církev v Jeruzalémě ji zjevně považovala za důležitou.

Diakonská služba je něco, co bychom si do práce zakládání sboru měli přinést s sebou. Když zakládáme sbor, nezaséváme jen evangelium mezi lidi, kteří neznají Ježíše – zaséváme také vlastní životy. Vtělený Ježíš přišel a přebýval mezi námi. Stejně tak potřebujeme zasévat své životy v lásce mezi ty, které Bůh miluje.

V církevních dějinách nacházíme množství příkladů toho, jak Kristovo tělo sloužilo chudým a trpícím a milovalo je vtělenou Boží láskou. Známým příkladem z nedávné doby je práce Matky Terezy mezi chudými, umírajícími a opuštěnými lidmi ve slumech indické Kalkaty. Spolu se sestrami, které sloužily s ní a v této službě pokračují i po její smrti, se zasvětila k životu v chudobě, čistotě a službě chudým s láskou, která se slovy těžko vyjadřuje. Boží láska a milost v její práci se šíří jako vlny na vodě po celém světě a život Matky Terezy je svědectvím o Ježíšově lásce k chudým. Její život také svědčí o tom, co je možné, když Boží láska vede člověka ke svatému životu ve službě těm, za něž Ježíš dal svůj život.

[264] Matouš 25,40

Matka Tereza měla ve své službě chudým a trpícím Ježíšův pohled. Ježíš říká: „,Amen, pravím vám, cokoliv jste učinili jednomu z těchto mých nepatrných bratří, mně jste učinili."[264] Mluví zde o hladových, žíznivých, nahých, nemocných a uvězněných, kteří potřebují naši lásku a péči. Když jim Matka Tereza sloužila a prokazovala jim lásku, sloužila Ježíši.

M2-4-6 Kázání a moc

M2-4-6-1 Způsob, jak oslovit lidi prostřednictvím celého týmu

Když zakládáte sbor, je důležité položit si otázku:

» Kážeme evangelium nevěřícím? Pokud ano, komu?
» Kolik nevěřících potkáváme během týdne a v jakých oblastech života?
» Víme, kde, kdy a jak se můžeme setkat s nevěřícími a říkat jim pravidelně evangelium? Máme pro to nějakou strategii?

Stojí za to si tyto otázky položit. Mít strategii toho, jak můžete oslovit lidi, neznamená, že se vaše služba změní v něco mechanického nebo umělého. Pokud je hnací silou vaší služby Duch svatý, pak lze na vaše strategie, které jsou vedeny Duchem svatým, pohlížet jako na vyjádření Boží lásky.

M2-4-6-2 Protože ústa mluví to, čím srdce přetéká

Aby člověk mohl přivádět lidi k Ježíši, musí být naplněn Duchem svatým. Proto to nejdůležitější, co bychom měli při zakládání sboru dělat, je žít v Boží blízkosti. Můžeme mít najednou tolik práce se zakládáním sboru, že tím náš vlastní vztah s Bohem může utrpět. Můžeme také skončit tím, že nás budou pohánět špatné motivy.

Pokud jste ve své službě motivováni sobeckými ambicemi a touhou po úspěchu a výsledky měříte čísly, váš pravý duchovní život začne odumírat, jelikož nad ním převládne tělesná přirozenost. Pracujete usilovně, ale se stále menší a menší radostí. Nakonec začnete budovat své vlastní království, místo abyste byli součástí budování toho Božího. Odvážně říkáte svědectví, která znáte zpaměti, ale váš vlastní život je prakticky na suchu. Pokud se to začne dít, je čas činit pokání.

Ústa říkají to, čím přetéká srdce. Musíme být naplněni Duchem svatým a jeho láskou. Pak se věci podaří jak ve vašem životě, tak ve vaší službě zakládání sboru.

M2-4-6-3 Svědectví v každodenním životě

Pro členy týmu, kteří mají sekulární zaměstnání, je přirozeným místem, kde evangelium sdílet, jejich pracoviště. Svědčíte tím, že vedete bezúhonný život, poctivě pracujete a svým kolegům dáváte najevo, že vám na nich záleží. Buďte silní a odvážní, když budete říkat evangelium a vyprávět o tom, co Bůh dělá ve vašem životě! Osobní svědectví je dobrým prostředkem komunikace. Modlitba za potřeby lidí na pracovišti je dalším dobrým způsobem, jak vést lidi k setkání s Bohem. Když Bůh vstoupí po vaší modlitbě do jejich situace, můžete jim říct víc a pomoci jim poznat Boha prostřednictvím Ježíše Krista.

Pro někoho může být docela náročné být jediným křesťanem na pracovišti. Když vás ostatní členové týmu povzbudí a dodají vám sílu, může vám to pomoci jít do práce s novou energií a plní Ducha svatého.

M2-4-6-4 Strategické plánování

Je moudré postupovat při zakládání sboru strategicky. Požádejte Boha v modlitbě, aby vás vedl v tom, na kterou skupinu nebo skupiny lidí by se váš tým měl soustředit a snažit se je oslovit. Modlete se, přemýšlejte a zkuste identifikovat prostředí, kde se s těmito lidmi můžete setkat. Příklady takovýchto míst a prostředí jsou mládežnická centra, stávající sociální sítě, kavárny, ulice, organizované volnočasové aktivity nebo sousedství. Tým může také vytvářet své vlastní příležitosti a místa, například naplánovat oběd pro přistěhovalce, uspořádat kurz Alfa či podobnou diskusi nebo připravit aktivity pro děti z okolí. Existuje mnoho příležitostí, jak se setkat s lidmi a budovat s nimi vztahy.

M2-4-6-5 Evangelizace v moci

Když dojde na uzdravování mocí Ducha, musíme jednat na základě Božího slova. Věříme-li Božímu slovu, budeme také dělat to, co nám říká. To platí i v případě uzdravování: Vložte ruce na nemocné a oni budou uzdraveni, říká Ježíš. Měli byste to prostě ve svém týmu dělat. Lidé přicházejí se spoustou potřeb: někteří jsou nemocní nebo zranění, jiní trpí problémy v oblasti duševního zdraví – depresí nebo úzkostí. I když problémy mohou být komplikované a těžké, modlit se můžeme vždy. Když začnete v této oblasti dělat kroky ve víře, uvidíte, že se Bůh projeví.

To, že lidé potřebují uzdravení a osvobození od úzkosti či trápení, může vyplynout z rozhovoru u oběda v práci, v autobuse, během návštěvy doma nebo na party – nebo na místě, kde budete lidem ve městě nabízet přímluvu, třeba ve stánku na náměstí. Kdykoli se setkáváte s lidmi, objevují se jejich potřeby. Klidně se můžete někoho zeptat: „Jste nemocný nebo zraněný? Potřebujete uzdravení v nějaké oblasti?" Nemusí to být o nic složitější. Pokud člověk, s nímž mluvíte, chce, abyste se za něj modlili, a vy na něj vložíte ruce a budete se modlit za uzdravení, nezapomeňte se zeptat, jestli prožil nějakou změnu. Používá-li člověk berle, můžete ho požádat, aby zkusil chodit. Očekávejte Boží zásah!

M2-4-6-6 Skutky milosrdenství

Na poli diakonické práce vidíme, že v každé společnosti je spousta lidí, kteří potřebují lásku a péči. Všude se setkáte s lidmi, kteří jsou chudí, závislí na drogách či alkoholu, trpí rozbitými vztahy nebo následky rozvodu, jsou nemocní, osamělí, duševně nemocní nebo nezaměstnaní, všude jsou děti, které rodiče zanedbávají, uprchlíci a přistěhovalci a další.

Kromě toho, že budete lidem k dispozici jako dobří sousedé a bližní, může váš tým zakládající nový sbor začít službu typu návštěvy doma, dobrovolnické centrum, křesťanskou kavárnu pro mládež, poradenské centrum pro manželské páry a rodiny, které mají problémy, nebo pro těhotné dospívající dívky. Možností se nabízí mnoho. V raných stadiích práce na zakládání sboru existuje hranice toho, co je opravdu v silách vašeho týmu. Musíte proto být citliví k vedení Ducha a ke specifickým potřebám svého společenství, ale i k typu lidí a obdarování, které máte v týmu.

Bez ohledu na situaci je to Boží láska, která se dotýká lidí prostřednictvím našich životů. Každý člověk je pro Boha cenný a právě tak se šíří Boží království – po jednotlivcích, které proměňuje Ježíš Kristus, dokud se všechny národy nestanou jeho učedníky.

M2-5

Od slov k činům

Jsme přesvědčeni, že následující text je jednou z nejdůležitějších částí této knihy. Obsahuje otázky a cvičení jak pro jednotlivce, tak pro ty z vás, kdo pracujete jako tým. Ke každému z hlavních témat uvádíme též řadu případových studií (kazuistik). Na konci knihy najdete hodnotící škálu pro všechna cvičení i seznam učebních cílů, které jsme pro každé z témat stanovili. Pokud se chcete dozvědět více, můžete si prostudovat seznam doporučené literatury a zamyslet se, zda byste si nechtěli objednat některou z knih k dalšímu studiu.

Cvičení pro jednotlivce, úkoly pro tým a případové studie jsou specificky zaměřené na každé z podtémat knihy. Lze je využít k vyvolání diskuse během setkání týmu. Pokud je použijete tímto způsobem, bude důležité, aby se každý člen týmu připravil a materiál si prostudoval předem.

Úplně na konci této části najdete hodnotící škálu a učební cíle. Když si je budete procházet, můžete si zmapovat své pokroky: Děláme to, co je doporučeno, nebo je to pro nás jen akademická záležitost? Pracujeme v zamýšleném směru této kapitoly? Tímto způsobem budete schopni zhodnotit, jak postupujete ve srovnání s učebními cíli každé kapitoly.

M2-5-1 Ke kapitole M2-1: Průkopnická práce a zóny pohodlí – Øystein Gjerme

M2-5-1-1 Týmové cvičení 1:
Udělejte si analýzu různých možností pro křesťanské aktivity, které nabízí kultura nebo oblast, kde chcete zakládat sbor. Jak by podle vašeho názoru mohly tyto možnosti ovlivňovat to, jak budou lidé vnímat vaši iniciativu?

M2-5-1-2 Týmové cvičení 2:
Napište si seznam sedmi až deseti otázek, které by vám mohly pomoci utvořit si obrázek o kultuře, v níž bude váš tým zakládat sbor. Promluvte si s lidmi, shromážděte fakta a data a připravte si výstřižky z novin a časopisů, které vám pomohou najít odpovědi na vaše otázky. Nakreslete si diagram, který vám poskytne vizuální představu o kontextu, v němž budete zakládat sbor.

M2-5-1-3 Týmové cvičení 3:

Ve světle materiálu, který jste shromáždili ke kulturnímu kontextu, v němž bude váš tým pracovat, se zamyslete nad tím, jaká rozhodnutí budete muset udělat a jaké priority si budete muset stanovit, abyste oslovili zamýšlenou skupinu.

M2-5-1-4 Individuální cvičení

Přečtěte Skutky 10,9-16 a zamyslete se nad svými vlastními náboženskými stereotypy a představami, které možná budou nabourány, když se setkáte s lidmi, kteří neznají Boha. Napište si jejich seznam. Co myslíte, jak Bůh bude muset změnit vás, abyste mohl(a) tyto lidi oslovit?

M2-5-1-5 Případová studie 1

Hannah a Joe vedou tým, v němž jsou kromě nich čtyři rodiny a šest studentů. Plánují, že založí sbor a přinesou Boží království do dosti nebezpečné čtvrti. Hannah a Joe prostě berou jako samozřejmost, že všichni z týmu si zhruba do roka najdou v této čtvrti bydlení. Některé rodiny si ale nejsou jisté, že by chtěly, aby jejich děti vyrůstaly v takovémto prostředí, a řada studentů si myslí, že nyní žijí blíže k centru. Všichni tito lidé se domnívají, že není nutné žít tam, kde člověk zakládá sbor.

Vžijte se do situace tohoto týmu. Co byste řekli nebo co byste si mysleli vy?

M2-5-1-6 Případová studie 2

Jste vedoucí týmu, který se dvakrát společně setkal, aby hledal Boha, mluvil o vizi a začal dělat plány na vznik nového sboru ve městě. Na dalším setkání se přímo zeptáte, kolik let je každý člen sboru ochoten této práci věnovat.

Trudy a Ray odpovědí, že si vůbec nejsou jisti, jestli chtějí být součástí týmu – musí nejdříve vědět, co se bude dít, než se rozhodnou. Sarah prohlašuje, že je ochotná této práci věnovat zbytek svého života. Wendy a Tom, kteří si hledají práci, říkají, že trochu váhají se závazkem, ale pokud se pro tým rozhodnou, dají tomu během dalších pěti let 100 %. Oscar, mimořádně nadaný hudebník, říká, že neví, na kterou univerzitu a ve kterém městě ho přijmou, dozví se to za rok a půl, ale do té doby chce být při tom. Peter a Suzie, kteří si postavili dům v oblasti, kde se bude zakládat sbor, odpovídají, že dokud v týmu budete vy, budou tam i oni. A nakonec Kerry říká, že bude součástí týmu, dokud bude tým upřednostňovat vztahy a skupinky před programy a líbivými bohoslužbami.

Jak byste s takovouto skupinou pokračovali v práci dál?

M2-5-2 Ke kapitole M2-2: Milovaný a vyslaný – Arne Skagen

M2-5-2-1 Týmové cvičení 1
Řekněte ostatním členům týmu o zkušenostech, které máte s vysvětlováním evangelia lidem, a jak by to tým mohl podle vašeho názoru v budoucnosti dělat.

M2-5-2-2 Týmové cvičení 2
Prodiskutujte tento citát z kapitoly: Setkal jsem se s mnoha křesťany, kteří mají černé svědomí, když se mluví o evangelizaci. Vědí, že by měli dalším lidem říkat evangelium, ale uvnitř mají pocit, že evangelizace je těžké břemeno a nepříjemná povinnost. „Pokud to cítíš takto," říkám vždy, „pak bys evangelium říkat neměl! Nech to plavat."

M2-5-2-3 Týmové cvičení 3
Boží láska musí být jak naší motivací, tak naší silou, která přitahuje. Vidíte sami sebe jako skupinu, s níž budou *ostatní* chtít být? Jste skupina lidí, která chce být s ostatními? Pokud ano, uveďte konkrétní „důkazy" pro svůj názor.

M2-5-2-4 Individuální cvičení
1. Jak často se modlíte, aby vám Bůh dal příležitosti říct lidem evangelium?
2. Kolik z vašich přátel není spaseno?
3. Za spasení kolika těchto přátel se pravidelně modlíte?
4. Kdy a jak se za ně modlíte?
5. Připomíná vám Bůh další lidi, které byste si mohli zapsat na modlitební seznam?
6. Je Boží láska k vám to, co často prožíváte a z čeho se radujete?
7. Poznamenal někdy někdo, že ve vás a vaším prostřednictvím viděli Boží lásku?

M2-5-2-5 Případová studie 1
Tým pracuje už téměř dva roky a rozrostl se na několik domácích skupinek, ale nikdo ještě nebyl spasen. Tým nyní uvažuje, zda by neměli začít pořádat „bohoslužby s orientací na hledající". Členové týmu přijdou k vaší skupině a chtějí znát váš názor.

Na co byste se zeptali, než byste jim dali nějakou radu? Napište si (každý z vás samostatně) několik otázek, které byste týmu položili, a řekněte své skupince, proč byste kladli právě tyto otázky.

M2-5-2-6 Případová studie 2

Práce na zakládání sboru New city Church se rozjela tím, že založila malé skupinky, a bylo to hlavně díky úsilí Olivera a Bernice, že byli do sboru zváni noví lidé. Zdá se, že Oliver a Bernice mají přirozenou schopnost poznávat nové lidi, zvát je na setkání a říkat jim o Ježíši. Zbytek sboru má dost co dělat, aby vůbec stíhal mít přehled o nových lidech, které Oliver a Bernice přivádějí. Ti dva ale najednou zjistí, že se budou stěhovat do Austrálie, protože Bernice si před časem podala žádost, aby ji firma poslala do nové pobočky, kterou tam bude otevírat. Zhruba v té době vedoucí sboru navrhne, aby si základní tým udělal test týkající se „duchovních darů". Ukáže se, že nikdo z nich nemá „evangelizaci" jako jeden ze tří hlavních duchovních darů (vedoucí ji má na čtvrtém místě, po „skutcích milosrdenství", „vyučování" a „vedení"). Tým je tím trochu rozladěný.

» Jak byste jeho členy povzbudili? Co byste jim poradili?

M2-5-3 Ke kapitole M2-3: Žeň je zralá – Arne Skagen

M2-5-3-1 Týmové cvičení 1

Ať si každý člen týmu udělá „mapu" své sítě vztahů. V první řadě do ní zahrňte každého člověka, s nímž kdokoli z týmu mluví minimálně jednou týdně. Pak si své sítě porovnejte. Řekněte si navzájem o své síti více. Zjistěte, zda mezi různými sítěmi nejsou nějaká místa, která se překrývají. Spočítejte, s kolika lidmi tým ve skutečnosti během týdne přijde do kontaktu.

M2-5-3-2 Týmové cvičení 2

Podívejte se ještě jednou na síť týmu a pak požádejte Ducha svatého, aby vám ukázal, kdo z těchto lidí, s nimiž máte vztah, je zralý ke žni: U koho vidíte, že k vám má pozitivní vztah? Kdo vám naslouchá, když mluvíte o své víře? Kdo klade provokativní otázky? Kdo vám zaklepe na dveře, když potřebuje praktickou pomoc? Kdo za vámi chodí se svými osobními problémy? Jinými slovy – nebo slovy Ježíše v Lukášovi 10 – kdo jsou lidé pokoje ve vaší síti?

M2-5-3-3 Týmové cvičení 3

Řekněte členům týmu své osobní svědectví o tom, jak jste odevzdali svůj život Ježíši. Nebo jim řekněte, jak se podle vás dá evangelium sdělit jiným lidem prostým a stručným, a přesto pochopitelným způsobem.

M2-5-3-4 Individuální cvičení

Napište si své osobní svědectví. Mělo by mít méně než 200 slov a obsahovat následující prvky: 1) jak to vypadalo, než jsem odevzdal svůj život Ježíši, 2) jak jsem odevzdal svůj život Ježíši, a 3) jak vypadá život s Ježíšem.

Napište si jména lidí ze své sítě, za něž se budete modlit, u kterých máte pocit, že vám o nich Duch svatý něco říká.

Poproste Ducha svatého, aby vám pomohl sepsat si krátkou prezentaci evangelia (maximálně 200 slov), která bude přizpůsobena každému člověku na vašem modlitebním seznamu.

M2-5-3-5 Případová studie 1

Jake a Terry spolu pracují v kanceláři. Jednoho dne se Jake z ničeho nic zeptá Terryho: „Terry, jsi křesťan?" Terry se nikdy neodvážil otevřít v práci téma víry, takže byl trochu vyvedený z míry, ale přesto odpověděl. „Jo, hm, proč se ptáš?" Teď byl z míry trochu vyvedený Jake: „No, sám ani nevím, prostě mě to včera napadlo, že bys možná mohl být křesťan. Neumím to moc vysvětlit..." „A *ty* jsi křesťan?" zeptal se Terry na oplátku. „Já? Ani náhodou!" řekl Jake. „Ale věříš, že Bůh existuje?" pokračoval Terry. Samozřejmě, tím si byl Jake docela jistý. A v poslední době se snažil číst si Bibli, ale přišla mu prostě trochu těžko pochopitelná. Vybral si z ní knihu, kterou napsal člověk jménem Jóel...

» Jak byste v tomto rozhovoru pokračovali? Je Jake „zralý ke žni"?

M2-5-3-6 Případová studie 2

Wendy si postěžovala, že zatím nikoho nepřivedla k Ježíši. Snadno navazuje vztahy s novými lidmi a dokáže s nimi vést hluboké a smysluplné rozhovory. Také bez zábran mluví o své víře a o tom, co pro ni znamená. Když ale přijde na to, aby vyzvala lidi, aby se rozhodli, cítí se jako naprostý zbabělec. Celá ta věc ji děsí.

» Povzbudili byste Wendy, aby šla proti své osobnosti – a svému strachu?

» Co by mohlo Wendy dát více svobody?

» Co byste Wendy poradili, aby udělala, když bude mluvit s novými přáteli o Bohu?

M2-5-4 Ke kapitole M2-4: Kázání evangelia slovem i skutkem – Arnt Jakob Holvik

M2-5-4-1 Týmové cvičení 1
Koho, kde a jak se snaží váš tým pravidelně oslovovat evangeliem Ježíše Krista a Boží mocí?

M2-5-4-2 Týmové cvičení 2
Jaké konkrétní kroky můžete jako tým podniknout, abyste oslovili více nekřesťanů dobrou zprávou? Soustřeďte se na strategické iniciativy, které se dají dělat dlouhodobě.

M2-5-4-3 Individuální cvičení
» Pomocí škály 1 až 10 vyjádřete, jak se cítíte, když se máte nevěřícího člověka zeptat, za jaké jeho potřeby se můžete modlit. 1 znamená špatně a 10 znamená „naprosto v pohodě".

» Jak se cítíte (podle stejné škály), když se máte zeptat: „Pověděl vám někdy někdo, jak se můžete stát křesťanem? Chtěl byste, abych vám vysvětlil(a), jak to udělat? Bude to trvat jen několik minut."?

» Co by to od vás vyžadovalo, abyste byli při vysvětlování evangelia odvážnější?

M2-5-4-4 Případová studie 1
Už je to asi rok, co jste s týmem začali pracovat na vzniku nového sboru. Váš tým se skládá z pěti lidí, kteří to berou vážně, a navázal kontakt s pěti dalšími místními křesťany, kteří by vás v práci na založení sboru rádi podpořili. Jste tím opravdu nadšení.

Na druhou stranu tým zatím žádné nevěřící ke Kristu nepřivedl. Udělali pár pokusů vytvořit si vztahy s nekřesťany, ale příliš neuspěli.

Tým a místní křesťané se modlí za to, aby byli lidé spaseni, a někteří dávají najevo velké očekávání, že se to stane. Zeptají se vás na váš názor. Vidíte, že ve skutečnosti mají velice málo kontaktů s nekřesťany, a zdá se, že členové skupiny mají velký strach říct evangelium těm z nich, s nimiž se setkávají.

» Členové týmu vás požádají o radu. Co byste jim tedy řekli?

» Co byste jim poradili?

M2-5-4-5 Případová studie 2

Jednoho dne se Paul z týmu zakládajícího nový sbor setká se členem staršovstva z tradičního sboru ze stejné oblasti.

Tým měl poměrně úzký kontakt s pracovníky tradičního sboru, ale Paul byl nyní konfrontován s nepříjemnou skutečností, že někteří lidé z tohoto sboru jsou zneklidněni, protože viděli, jak se členové týmu modlí na ulici za pár dospívajících chlapců a vkládají na ně při modlitbě ruce.

Jeden z chlapců měl problém s cukrovkou, druhý se opíral o berle, protože si zlomil nohu. Paul ví, že to, co členové týmu udělali, bylo zcela v souladu s Biblí – dělali to jak Ježíš, tak apoštolové – a noha hocha s berlemi se opravdu uzdravila, nebo to alespoň tvrdil, když odcházel a nesl si berle na rameni. Druhého mladíka s cukrovkou požádali, aby se nechal vyšetřit u lékaře.

Paul byl informován, že se staršovstvo tradičního sboru začalo problémem zabývat na základě tří stížností členů sboru . Ve stížnostech argumentovali, že takový druh modlitby může u lidí, kteří nejsou s touto praxí obeznámeni, vést ke „zneužívání" a „narušování soukromí" a že by se neměla praktikovat veřejně. Paul se také dozvěděl, že zvažují, že o věci budou informovat místní noviny.

» Jak byste si s takovou situací poradili vy?

M2-5-5 Učební cíle a hodnotící škála pro zakládání sboru

V následující části najdete učební cíle, které jsme stanovili pro různá témata, jimiž se zabývaly předchozí kapitoly. Rádi bychom, abyste nyní ohodnotili sami sebe a to, co jste se naučili. Některé z učebních cílů se soustřeďují na získávání nových poznatků a pochopení daných témat, jejich zpracování a hlubší zamyšlení se nad nimi ve vztahu k vašemu vlastnímu životu a týmu. Další úkoly jsou konkrétnější a jsme přesvědčeni, že je důležité, abyste se jimi zabývali jako tým.

Každou z následujících vět ohodnoťte známkou 1 až 5 podle toho, jak dobře jste zvládli daný učební cíl. 1 odpovídá hodnocení: Nedal jsem si s tímto cílem dost práce, nedíval jsem se na úkoly, které k němu patří; 5 odpovídá hodnocení: Získal jsem solidní představu, zamyslel jsem se nad problematikou a vypracoval úkoly spojené s cílem výuky; hodnocení 2 - 4 leží někde mezi tím. Doufáme, že se vám bude při hodnocení dařit.

M2-5-5-1 Průkopnická práce a zóny pohodlí – Øystein Gjerme

○ ○ ○ ○ ○ Chápu, že zakládání sboru je průkopnická práce. Chápu i výzvy, kterým může
1 2 3 4 5 zakladatel sboru čelit ve svém každodenním životě.

○ ○ ○ ○ ○ Chápu, jak je důležité si vyjasnit, kdo je cílová skupina našeho týmu, a porozumět
1 2 3 4 5 kultuře, v níž chceme zakládat sbor.

○ ○ ○ ○ ○ Rozpoznávám určité zóny pohodlí ve svém vlastním životě a chápu, že služba
1 2 3 4 5 zakládání sboru může vyžadovat, abych kvůli dosažení cílů týmu z některých
vyšel ven.

M2-5-5-2 Milovaný a vyslaný – Arne Skagen

○ ○ ○ ○ ○ Chápu, že základem pro evangelizaci je Boží láska v nás spolu s naší poslušností
1 2 3 4 5 v reakci na působení Ducha svatého.

○ ○ ○ ○ ○ Chápu, jak je křesťanské společenství samo o sobě evangelijní a jak jsme závislí
1 2 3 4 5 jedni na druhých, abychom mohli komunikovat evangelium.

M2-5-5-3 Žeň je zralá – Arne Skagen

○ ○ ○ ○ ○ Pochopil jsem, jak rozpoznat, kdy je žeň zralá, a jak Bůh pracuje s lidmi
1 2 3 4 5 v nejrůznějších stadiích jejich cesty k víře.

○ ○ ○ ○ ○ Vím, jak zmapovat sociální síť každého z členů týmu, a seznámil jsem se s různými
1 2 3 4 5 způsoby, jak může tým oslovit nové lidi.

○ ○ ○ ○ ○ Mám více informací o tom, jak říkat evangelium jiným lidem.
1 2 3 4 5

M2-5-5-4 Kázání evangelia – Arnt Jakob Holvik

○ ○ ○ ○ ○
1　2　3　4　5　Jsem si plně vědom moci, kterou má svědectví evangelia o Ježíši.

○ ○ ○ ○ ○
1　2　3　4　5　Chápu, že potřebujeme používat moc Ducha svatého a potvrzovat kázání prostřednictvím uzdravování, znamení a divů.

○ ○ ○ ○ ○
1　2　3　4　5　Jsem schopen vytvořit si praktický plán toho, jak tým může spolupracovat na evangelizaci.

Doporučená literatura pro M1 a M2

Uvádíme seznam knih, které se nám líbily a jež jsme při práci na zakládání sborů využili. Najdete v něm tituly, které se týkají vedení, strategie a různých modelů pro zakládání sborů a evangelizaci. Většina anglických knih je k dispozici na amazon.com, amazon.co.uk či na bookdepository.co.uk (zde je poštovné po celé Evropě zdarma). Knížky v norštině najdete nejsnáze pomocí vyhledávače Google, pokud je neobjevíte na bokkilden.no. Doufáme, že vám tento seznam poskytne relevantní literaturu, která vám pomůže s tím, co je před vámi.

Addison, Steve: *How to Know if You Should Plant a Church.* Baronia, Victoria, Australia: Church Resource Ministries Australia, 1993.

Appelton, Joanne: *ECPN Concept Paper: Mid Sized Mission - The Use of Mid Sized Group as a Vital Strategic Component of Church Planting.* Vydáno na Leadnet.org, 2008.

Bakke, Ray: A *Theology as Big as the City.* Downers Grove, IL: Inter Varsity Press, 1997.

Barker, Joel Arthur: *Paradigms: The Business of Discovering the Future.* New York: Harper Business, 1994.

Beckham, William A.: *The Second Reformation.* Houston, TX: TOUCH publications, 1997.

Bosch, David: *Transforming Mission: Paradigm Shifts in Theology of Mission.* Maryknoll: Orbis, 1991. Slovensky: Dynamika kresťanskej misie: Dejiny a budúcnosť misijních modelov (Praha: Středoevropské centrum misijních studií, o.s., 2009). Objednat lze na adrese: Středoevropské centrum misijních studií, o.s., U Školské zahrady 1264/1, 182 00 Praha 8 – Kobylisy; office@missioncentre.eu.

Breen, Mike a Hopkins, Bob: *Clusters: Creative Mid-Sized Missional.* Sheffield: ACPI, 2008.

Cordeiro, Wayne: *Doing Church as a Team.* Ventura, CA: Gospel Light Publications, 2001.

Cladis, Georg: *Leading the Team-Based Church.* West Sussex: Jossey-Bass, 1999.

Cole, Neil: *Organic Church.* San Francisco; Jossey-Bass, 2005.

Comiskey, Joel T.: *Planting Churches that Reproduce: Starting a Network of Simple Churches.* Lima, OH: CCS Publishing, 2009.

Comiskey, Joel T.: *Home Cell Group Explosion: How Your Small Group Can Grow and Multiply.* Houston, TX: TOUCH Publications, 2002.

Comiskey, Joel T.: *Leadership Explosion.* Houston, TX: TOUCH Publications, 2008.

Donders, Paul Ch.: *Creative Life Planning: Discover you Calling, Develop your Potential in both Career and Private Life.* Xpand, 1997.

Donders, Paul Ch. a Jaap, Ketelaar: *Value Centered Leadership in Church and Organizations.* Argyll: Xpand, 2011.

Ferguson, Dave a Ferguson, Jon: *Exponential: How You and Your Friends Can Start a Missional Church Movement (Exponential Series).* Grand Rapids: Zondervan, 2010.

Frost, Michael a Hirsch, Alan: *The Shaping of Things to Come,* Peabody, MA: Hendrickson, 2003.

Frost, Michael: *Exiles: Living Missionally in a Post-Christian Culture.* Peabody, MA: Hendrickson Publisher, 2006.

Gibbs, Eddie: *Leadership Next.* Downers Grove, IL: Intervarsity, 2005.

Greg, Pete a Blackwell, David: *24-7 Prayer manual.* Colorado Springs: David C. Cook, 2010.

Guder, Darrell L. a Barrett, Lois: *Missional Church – A Vision for the Sending of the Church in North America.* Grand Rapids: Eerdmans, 1998.

Halter, Hugh a Smay, Matt: *DNA: The Gathered and Scattered Church.* Grand Rapids: Zondervan, 2010.

Hirsch, Alan: *The Forgotten Ways.* Grand Rapids: Brazos press, 2006.

Hirsch, Alan a Frost, Michael: *ReJesus: A Wild Messiah for a Missional Church.* Edinburgh: Hendrickson Publisher, 2009.

Hirsch, Alan a Frost, Michael: *The Shaping of the Things to Come.* Edinburgh: Hendrickson Publisher, 2001.

Hybels, Bill: *Becoming a Contagious Christian.* Grand Rapids: Zondervan, 1996. Česky: *Jak se stát nakažlivým křesťanem.* (Praha: Mezinárodní biblická společnost, 1998)

Hopkins, Bob a Mary: *Church Planting Coaching Manual.* Sheffield: Anglican Church Planting Initiative, 2003.

Hunter III, George G.: *The Celtic Way of Evangelism.* Nashville: Abingdon, 2000.

Jacobsen, Leif S.: *The Leadership Factor in Church Planting Projects in Norway from 1990 to 2000.* Virginia Beach: Regent University, 2005.

Kotter, John P.: A *Sense of Urgency.* Boston: Harvard Business, 2008.

Kotter, John P. *Leading Change.* Boston, Harvard Business School Press, 1996.

Kreider, Larry: *House Church Networks: A Church for a New Generation.* Lititz, PA: House to House Publications, 2001.

Malm, Magnus: *I lammets tegn - om den kristne kirkes vei inn i et nytt årtusen.* Oslo: Luther, 1996.

Malm, Magnus: *Vägvisere, en bok om kristent lederskap.* Uppsala: EFS forlag, 1990.

Malphurs, Aubrey: *Values-Driven Leadership.* Grand Rapids: Baker Books, 1996.

Malphurs, Aubrey: *Advanced Strategic Planning: A New Model for Church and Ministry Leaders.* Grand Rapids: Baker Books, 1999.

Malphurs, Aubrey: *Planting Growing Churches for the 21st Century: A Comprehensive Guide for New Churches and Those Desiring Renewal.* 2. vyd. Grand Rapids: Baker Books, 1998.

Maxwell, John: *The 17 Indisputable Laws of Teamwork.* Nashville: Thomas Nelson, 2001.

McClung, Floyd a Kreider, Larry: *The Cry for Spiritual Fathers and Mothers*. Lititz, PA: House to House Publications, 2002.

McLaren, Brian: *More Ready Than You Realize – The Power of Everyday Conversations*. Grand Rapids: Zondervan, 2002.

McNeal, Reggie: *Revolution in Leadership: Training Apostles for Tomorrow's Church*. Nashville, TN: Abingdon Press, 1999.

Murray, Stuart a Wilkinson-Heysová, Anne: *Hope from the Margins – New Ways of Being Church*. Cambridge, UK: Grove Books, 2000.

Neighbour, Ralph W.: *Where Do We Go From Here? A Guidebook for the Cell Group Church*. Houston, TX: TOUCH Publications, 2000.

Patrick, Darren: *Church Planter: The Man, the Message, the Mission*. Wheaton: Crossway, 2010.

Paul D. Stanley a Clinton, J. Robert: *Connecting: The Mentoring Relationships You Need to Succeed in Life*. Colorado Springs: NavPress, 1992.

Pippert, Rebecca M.: *Out of the Saltshaker and into the World, Evangelism as a Way of Life* (nové vydání). Downers Grove, IL: Inter Varsity Press, 2010.

Reinhart, Stacy T.: *Upside Down – the paradox in servant leadership*. Colorado Springs: NavPress, 1998.

Robinson, Martin a Smith, Dwight: *Invading Secular Space*. Oxford: Monarch, 2003.

Robinson, Martin: *Planting Mission-Shaped Churches Today*. Oxford: Monarch, 2006.

Rolfsen, Ommund a Dahle, Terje: *Utrustende lederskap*. Evenskjær: K-Vekst, 2004.

Roxburgh Allan J. a Romanuk, Fred: *The Missional Leader, Equipping your Church to Reach a Changing World*. San Francisco: Jossey-Bass, 2006.

Schwartz, Christian a Logan, Robert E.: *Natural Church Development: A Guide to Eight Essential Qualities of Healthy Churches*. Saint Charles, IL: Churchsmart Resources, 1996.

Simson, Wolfgang: *Houses that Change the World*. Authentic, 2001.

Skagen, Arne: *Endelig mandag. Hverdagsevangelisering for alle*. Ottestad: Prokla Media, 2012.

Ski, Martin: *Fram til Urkristendommen, Pinsevekkelsen Gjennom 50 år*. Oslo: Filadelfiaforlaget, 1957.

Sørensen, Sten a Rolfsen, Ommund: *Menighetsplanting på norsk*. Oslo: Rex, 1996.

Stanley, Andy: *The Next Generation Leader*. Portland, OR: Multnomah Press, 2006.

Stetzer, Ed: *Planting Missional Churches*. Nashville, TN: Broadman & Holman Publishers, 2006.

Strauch, Alexander: *Biblical Eldership*. Colorado Springs: Lewis & Roth Publishers, 1997.

Surratt, Geoff, Ligon, Greg a Bird, Varren: *The Multi-Site Church Revolution*. Grand Rapids: Zondervan, 2011.

Tangen, Karl Inge: *Ecclesial Identification Beyond Transactional Individualism? A Case Study of Life Strategies in Growing Late Modern Churches*. Dizertační práce, Oslo; MF Norwegian School of Theology, 2009.

Thumma, Scott a Travis, Dave: *Beyond Megachurch Myths*. San Francisco: Jossey-Bass, 2007.

Timmis, Steve a Chester, Tim: *Total Church, a Radical Reshaping around Gospel and Community*. Wheaton, IL: Crossway books, 2008.

Wagner, C. Peter a Comiskey, Joel T.: *Cell Group Explosion: How Your Small Group Can Grow and Multiply*. Houston, TX: TOUCH Publications, 2002.

Warren, Robert: *Being Human, Being Church – Spirituality and Mission in the Local Church*. London: Marshall Pickering, 1995.

Wheatley, Margaret J.: *Leadership and the New Science*. San Francisco: Berrett-Koehler, 2001.

Whitmore, John: *Coaching for Performance*. San Diego: Pfeiffer, 2002.

Williams, Rowan a kol.: *Mission-shaped church; church planting and fresh expressions of church in a changing context*. London: Church House Publishing, 2004.

Wilson, Scott: *Challenge of Leadership, What Leaders do Next*. Denmark: Royal, 2007.

www.ingramcontent.com/pod-product-compliance
Lightning Source LLC
Chambersburg PA
CBHW041524220426
43670CB00002B/22